U0601644

区块链赋能供应链

赵先德　唐方方◎著

中国人民大学出版社
·北京·

图书在版编目（ＣＩＰ）数据

区块链赋能供应链 / （美）赵先德，唐方方著. --
北京：中国人民大学出版社，2022.1
ISBN 978-7-300-29884-9

Ⅰ.①区… Ⅱ.①赵… ②唐… Ⅲ.①区块链技术—
应用—供应链管理—研究 Ⅳ.①F252.1-39

中国版本图书馆CIP数据核字（2021）第199266号

区块链赋能供应链

赵先德 唐方方 著

Qukuailian Funeng Gongyinglian

出版发行	中国人民大学出版社				
社 址	北京中关村大街31号		邮政编码	100080	
电 话	010-62511242（总编室）		010-62511770（质管部）		
	010-82501766（邮购部）		010-62514148（门市部）		
	010-62515195（发行公司）		010-62515275（盗版举报）		
网 址	http://www.crup.com.cn				
经 销	新华书店				
印 刷	北京联兴盛业印刷股份有限公司				
规 格	148 mm×210 mm 32 开本		**版 次**	2022 年 1 月第 1 版	
印 张	6.375		**印 次**	2022 年 1 月第 1 次印刷	
字 数	132 000 插页 2		**定 价**	69.00 元	

版权所有 侵权必究 印装差错 负责调换

推荐序一

区块链技术赋能数字经济时代的供应链

中欧商学院原院长、管理学教授，中天集团教席教授　朱晓明

随着数字化浪潮的来袭，探索采用前沿科技创新成果赋能供应链受到了各界的关注和重视。其中，由分布式数据存储、点对点传输、共识机制、加密算法等多种技术集成的区块链技术，对解决当前供应链管理中所面临的痛点和难点（如海量数据、信息不透明、牛鞭效应等）具有极大的应用价值。德勤公司在其研究报告《区块链 VS 供应链，天生一对》中指出"区块链直击供应链痛点"，并提到：据预测，未来五年区块链在供应链商业应用方面的比例将从 5% 增长到 54%。然而，作为一项新兴技术，区块链技术的集成应用如何在不同的应用场景落地，解决供应链管理的痛点，提升企业供应链的管理能力，仍然需要大量的实践探索和调整。在此背景下，赵先德教授和唐方方教授的新作《区块链赋能供应链》的出版恰逢其时。

赵教授和唐教授的新作基于多元应用场景，解读了当前一些领先企业应用区块链技术解决在供应链管理中所面临的难题的症结所

1

在，并结合多年的研究积累，提炼出更加具有普适性的区块链技术赋能供应链的情境，以及基于区块链技术的供应链升级路径。本书案例鲜活（详见本书的第二、三、四、五章），又兼具传统的供应链管理的理论深度，值得在数字经济时代希望借"区块链 + 供应链"东风的企业家细细阅读和思考。特别值得企业家精读的是本书的第六章和第七章：一方面，从企业当前所处的供应链管理发展阶段及需求出发，分析评估区块链技术对企业供应链管理的价值；另一方面，基于已有的企业实践经验，更好地探索和诠释区块链技术的商业价值。

数字化技术改变了供应链。区块链技术的应用有助于实现流程自动化，并构建伙伴间的信任机制，这将大大提高供应链效率。同时，区块链技术的应用也使得消费者能够追溯更多的产品信息，增强消费者对产品的信任，提升客户体验。独木不成林，区块链技术的价值的实现，仍然需要与其他技术（例如大数据、物联网等）相结合，同时区块链技术的落地也需要人才、技术、资本等的支持。企业布局区块链战略需要进行全方位的考虑。

处于早期发展阶段的区块链技术在商业化落地的过程中，机遇与风险同在。赵先德教授和唐方方教授的新作将从理论和实践两个层面启迪管理者，使其探索区块链技术在供应链领域中更有价值的未来。

推荐序二

产业驱动、链以致用

中国物流与采购联合会副会长　蔡进

培育以数字化技术驱动的现代供应链是我国高质量发展的必由之路。其中，区块链技术被赋予越来越高的国家层次定位规格，并且逐渐与产业进行深度融合，涉及诸多领域和应用场景。但同时，在社会认知、应用需求等方面仍然存在着许多问题，需要进一步加强实践探索和理论指导。赵先德教授和唐方方教授的新作《区块链赋能供应链》将为中国企业如何利用区块链技术实现供应链转型升级提供重要的参考和指南。

首先，区块链技术在供应链领域的应用多点开花，但尚未形成商业规模。区块链技术提供了一种新的信任机制，改变了社会价值的传递方式，并对供应链管理的范式和模式提出了变革需求。赵教授和唐教授的这本著作通过具体的案例呈现了在食品行业、药品行业、供应链金融以及物流行业四大场景中，区块链技术如何赋能供应链。这本著作可以为企业进行区块链技术应用实践提供示范和借鉴。

其次，区块链技术的集成应用需要结合企业自身的供应链管理

1

发展阶段进行合理布局。区块链技术所包含的技术特征，使其在促进供应链多主体协作、提高供应链上下游数据透明度、降低信息交互成本、提高供应链效率等方面有着重要价值。但是，作为一项新兴技术，其集成应用仍然需要在核心技术、公共基础设施建设方面进行大量的投入。企业需要审慎制定适合自身发展需求的区块链战略。在这本著作中，赵教授和唐教授基于企业区块链实践案例，利用供应链管理原理，总结和提炼出区块链技术赋能供应链的场景和阶段，为企业布局区块链战略提供了专业性、实用性的视角。

最后，区块链赋能供应链仍需各方的通力合作。当前，区块链技术的采纳和应用呈现出以行业龙头企业为主导的特征。这一特征加速了区块链技术的突破和创新，并为区块链技术的落地提供了有利的商业场景。但也需要意识到，在高效、去中心化和安全这三个方面，区块链往往需要牺牲其一来满足另外两个方面的需求。行业龙头企业主导的区块链模式可能会存在区块链监管风险，需要政府在法律、政策等方面构建有利的制度环境。区块链技术商业价值的实现离不开更多作为技术采纳方的参与主体（如品牌商、中小微企业等）的支持。如何鼓励和支持这些企业参与区块链，实现行业共荣共生，也是需要注意的问题。这本著作从不同的角度激发我们对区块链技术赋能供应链的思考。

区块链技术的集成应用将在新的技术革新和产业变革中发挥重要作用。该技术与供应链应用场景的深度融合仍需各界的共同努力。赵教授和唐教授的新作将为总结和提炼一批可复制、可推广的区块链赋能供应链创新发展模式及政府治理实践经验提供重要的指引。

推荐序三

价值驱动企业数字化转型

海尔卡奥斯物联生态科技有限公司董事长　陈录城

李克强总理在 2021 年《政府工作报告》中着重提出要维护产业链供应链稳定，增强产业链供应链的自主可控能力。在此，我们要重新思考在数字化时代，如何利用数字化技术协同整合供应链不同环节的运营流程，并创新商业模式，为用户带来体验价值和应用价值的最大化。赵先德教授、唐方方教授从理论和实践的角度对这一问题进行探讨研究，提出区块链技术赋能供应链的理论框架。区块链技术在融合应用上实现了从数据传输到价值创造的不断演进，其落脚点在于构建生态系统，进而驱动企业实现数字化转型。

2021 年 5 月，工业和信息化部、中央网络安全和信息化委员会办公室联合发布《关于加快推动区块链技术应用和产业发展的指导意见》，提出区块链在实体经济等领域发挥效应，需要与其他新一代信息技术相互融合，实现优势和功能互补。

区块链与数字技术结合，为工业互联网中数据要素的配置管理

1

提供了新的解决方案。例如，区块链与物联网技术的结合可以保证链上数据的质量，满足海量数据的存储需求，实现多主体之间的协作。当前卡奥斯 COSMOPlat 也在"区块链 + 物联网"赋能万物互联上做出了积极尝试。卡奥斯 COSMOPlat 海链区块链 BaaS 平台以区块链技术为底层支撑，通过产品化包装和行业落地经验抽象化，形成 SaaS 服务，提供分行业、分领域的最佳区块链解决方案，用户可以快速自主地搭建基于自身业务需求的、安全可靠的且高性能、高扩展性的区块链系统。

推动区块链在工业领域的规模化应用仍然面临诸多挑战。正如两位教授在本书第七章中所指出的，虽然区块链技术在促进供应链流程自动化、构建组织间信任机制等方面存在优越性，但要想吸引更多的企业伙伴特别是中小企业作为节点上链，仍然需要解决一系列机制性问题。更换系统、信息采集、系统维护的成本如何得到补偿？数据安全如何保障？利益如何分配？……这与卡奥斯 COSMOPlat 一开始在推动中小企业加入工业互联网生态时所面临的一些问题相似。对此，卡奥斯 COSMOPlat 采用"大规模定制"模式，以用户需求为导向，与用户零距离接触，去中心化地解决问题。去中心化不仅能确保数据的真实、可靠、有效，还可以实现设备的安全互联，这种思路与区块链的思维不谋而合。

区块链技术仍在快速发展演进的过程中，"区块链 + 物联网"助力企业数字化转型升级存在着巨大的发展空间，需要政府、行业组织、企业各方通力合作、共同努力。赵教授和唐教授的这本著作将为企业更好地"拥抱"区块链提供启迪。我也愿与更多的行业人士、专家和学者一起探索和推进区块链技术的应用，共同建设先进的区块链产业体系，实现数字经济的高质量发展。

前　言

　　随着市场竞争逐渐发展为基于供应链的竞争，供应链管理能力成为企业竞争优势的关键来源。供应链是以客户需求为导向，以提高质量和效率为目标，以整合资源为手段，实现产品设计、采购、生产、销售、服务等全过程的高效协同[①]。供应链管理涉及对多个环节、众多参与主体的资源、能力的协同与整合，并且随着企业所处的生态系统日益复杂，有效的供应链管理面临着诸如信息不对称、数据真实性难以验证、缺乏快速有效的信任机制等诸多难点和痛点。

　　区块链技术作为一项对分布式数据存储、点对点传输、共识机制、加密算法等多种计算机技术的集成应用，具有帮助实现供应链端到端信息共享和透明化，增强供应链上下游合作伙伴之间的信

---

①　国务院办公厅. 关于积极推进供应链创新与应用的指导意见.（2017-10-13）.

任，提高运营效率等方面的价值。在此背景下，许多行业，如食品、药品、供应链金融等对区块链技术如何赋能传统的供应链管理进行了实践探索。

2021 年 3 月，第十三届全国人民代表大会第四次会议批准的《中华人民共和国国民经济和社会发展第十四个五年规划和 2035 年远景目标纲要》中也将区块链列为新兴数字经济重点产业，强调推动区块链技术创新，并以联盟链为重点发展区块链服务平台以及多领域的应用方案。数字技术与实体经济的深度融合是传统产业转型升级的重要引擎之一。如何利用区块链技术促进企业转型以及供应链升级成为重要的议题。但是基于目前业界对区块链技术的应用实践可以看到，当前区块链技术在供应链管理中的应用还处于早期阶段，各种应用方案也还在试错当中。

在此背景下，本书首先在使读者了解什么是"区块链"和"供应链管理"的基础上，基于四大行业应用场景（包括食品行业供应链溯源、药品行业供应链溯源、供应链金融、物流行业），以案例的方式呈现当前企业如何利用区块链技术来解决行业供应链管理的痛点，赋能传统供应链转型升级。随后，本书提炼总结了区块链在供应链管理中的价值及其促进供应链升级的路径，并基于案例分析研究了驱动和阻碍品牌商应用区块链技术的关键因素。最后是对区块链在供应链管理中的应用趋势进行了展望。

本书在编撰过程中得到了来自学术界和产业界的大力支持。特别需要说明的是，当前我们对区块链技术及其赋能供应链管理的认识是阶段性的，后续我们将进一步开展深入的研究，丰富和完善研究成果，也欢迎学术界和产业界更多的合作伙伴提出宝贵的意见和建议。

目　录

第一章

区块链及其在供应链中的应用概述

什么是区块链?

区块链的定义及其原理

当前,区块链技术正在全球范围内蓬勃发展,并在许多行业得到了应用性探索。那么,什么是区块链呢?根据工信部于2016年发布的《中国区块链技术和应用发展白皮书》,区块链被定义为"分布式数据存储、点对点传输、共识机制、加密算法等多种计算机技术的集成应用"。

区块链最早的应用对象是比特币,但作为比特币底层技术的区块链的起源却并不始于比特币。早在比特币诞生以前,密码学、分布式计算、点对点网络、共识机制等技术和理论已经历了较长时间的积累。如 1976 年，惠特菲尔德·迪菲（Whitfield Diffie）和马丁·赫尔曼（Martin Hellman）发表了论文《密码学的新方向》[①]，为整个密码学的发展指明了方向。1980 年，拉尔夫·默克尔（Ralf Merkle）发明了 Merkle-Tree 的数据结构和算法，可以用来校验分布式网络中数据同步的正确性，该技术后来用于比特币，并逐渐成为区块同步校验的重要方式。1999—2001 年，eDonkey 和 BitTorrent 等分布式下载终端先后出现，从而奠定了 P2P 网络计算的基础。中本聪（Satoshi Nakamoto）于 2009 年 1 月 3 日在赫尔辛基的服务器上创建了第一份比特币开源代码；同日 18 时 15 分，他创建了第一个比特币区块。这一天被称为"创世日"，而这个区块也被称为"创世块"。

在结构上，区块链是在链式结构的助力下，将各个基本的储存单元（也即区块）基于产生的先后顺序相连的一种链式数据结构。其中，一个区块的结构可以分为区块头（Block Header）和区块体（Block Body），如图 1-1 所示。区块体是包含了一条条交易记录的数据库。如交易人 A 给交易人 B 转了一笔账，那么区块体就会记录交易人 A 和 B，以及交易金额和时间等信息。这些信息就构成了一条交易记录。一个区块体会包含大量的交易记录，是真正存储数据的地方。

---

① DIFFIE W，HELLMAN M. New directions in cryptography. IEEE Transactions on Information Theory，1976，22（6）：644-654.

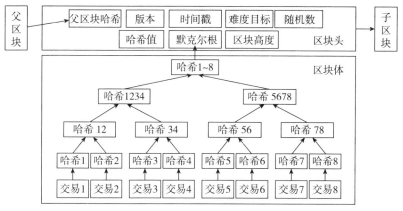

图 1-1　区块的结构

区块头中的属性信息都是公共的，因此调用者可以很方便地调用相关区块的属性信息。但是，区块头的组成相对复杂，具体构成如下：

（1）哈希（Hash）值：当前区块的 ID 值。每个区块都有自己的唯一哈希值。

（2）父区块哈希（Pre Hash）：上一个区块的哈希值。区块头中都会保存上一个区块的哈希值。

（3）版本（Version）：该区块链系统的版本号。

（4）区块高度（Height）：区块链系统中的区块序号。如第一个区块被称为创世区块，高度为 0；第十个区块高度为 9，这个表示产生顺序的序号就是"高度"。

（5）时间戳（Time Stamp）：区块创建的时间。

（6）随机数（Nonce）：一个从 0 开始、最大长度为 32 位的随机数。随机数与"挖矿"密不可分。挖矿，就是反复将随机数与当前网络规定的目标值做对比，如果小于目标值，则解题成功，从而获得记账权以及代币奖励。

（7）难度目标（Target Bits）："挖矿"成功与否的重要指标，它决定了矿工大约平均需要经过多少次运算才能产生一个合法的区块。

（8）默克尔（Merkle）根：在对每条交易信息进行哈希的基础上，对每两个哈希相加结果进行哈希，不断迭代直至最后只有一个哈希值，也即 Merkle 根。Merkle 根连接区块体和区块头，主要用于维护账本校验数据的完整性和不可篡改性，并能在变动时快速定位变化的交易数据。

区块链的技术特征

区块链具有去中心化、不可篡改、开放性、匿名性等关键技术特征。

去中心化 [①] 去中心化是在互联网的发展过程中逐渐形成的现象和结构特征。从结构上看，去中心化就意味着一个多元化的网络体系。不同节点彼此连接、制约，但并不受某一个中心节点的约束和管制。如传统的亚马逊、淘宝等都是一个中心化的网络平台，消费者和商家都必须依托于此。而随着时代的发展，传统中心化电商平台的推广成本将越来越高，这使得去中心化的微商、社交电商等不断崛起。平台只是推广的渠道，而不是立足的根本。区块链是一个去中心化的分布式数据库，网络中的每个节点可以进行平等、自

---

① 为什么说区块链的本质是"去中心化"？.（2018–10–09）［2019–11–07］.https://www.jianshu.com/p/2656c9fd79e3.

由的数据交换。因此，与传统的数据库相比，区块链的去中心化的分布式数据库并不需要统一管理。这可以帮助实现透明、低成本、高安全性等益处，是区块链的优势所在。

不可篡改 不可篡改，其原理其实和微信群是一样的。我们都知道，微信群的聊天记录是不可篡改的。每个人手机上都会存有微信群中的聊天记录的完整备份。群内任何成员都不可能去修改别人手机上的聊天记录，只能修改自己的记录，即使是腾讯也不例外。而区块链与此类似，所有的交易记录都会保存在每个节点的数据库中，使得数据无法篡改。

开放性[①] 开放性体现为账本的开放性（所有历史交易记录对链上合作伙伴公开）、组织的开放性（所有人都可以通过"挖矿"或购买的方式持有代币）和生态的开放性。区块链是去中心化的分布式数据库，所有的账本交易记录都对外公开。这充分体现了区块链的账本开放性。区块链的初创公司可以通过发放代币，在原有公司利益相关者的基础上进一步扩大参与者的范围。参与者基于对公司前景的判断，可以通过"挖矿"或者购买持有公司的代币。这充分体现了区块链的组织开放性。而开放的账本和开放的组织，最终的目的是构建一种开放的生态。在这种开放的生态下，效率会越来越高，价值传播会越来越容易。

匿名性[②] 由于区块链各节点之间的数据交换遵循一定的算法

---

① 区块链三个主要的开放性体现介绍.（2019-08-19）[2019-11-07].http://www.elecfans.com/blockchain/1055067.html.

② 区块链的匿名性知多少.（2018-08-27）[2019-11-07]. https://www.jianshu.com/p/16e536fb216c.

逻辑，因此区块链网络中的数据交换可以基于加密的 IP 地址而非个人身份进行。以比特币为例，由于交易双方的地址被加密，因此在区块链网络上只能查到转账记录，而无法查到交易人的相关信息，从而保证了区块链的匿名性。

区块链的分类

（1）公有链。

公有链中的节点可以随时加入或离开网络而不需要任何许可。公有链的应用主要是点对点的电子加密货币现金系统，如比特币等。另外，基于智能合约的以太坊也是公有链的应用之一。但是，比特币的区块链架构对区块链技术的应用场景拓展（除了加密货币外）非常有限。以太坊技术作为区块链 2.0 时代的代表，其作为可编程的分布式的基于智能合约和去中心化应用开发的基础设施的理念也确立起来。公有链为了激励全网节点维护整个网络，需要设计相应的激励机制予以保证。但由于激励机制的不完善，节点之间恶性竞争，争夺记账权，造成了巨大的资源浪费，效率低下。同时，公有链的交易记录信息是全网公开可见的，这对某些涉及商业机密的企业级应用而言，显然是不能满足其需求的；而企业数据的公开化也不符合有关数据保护的法律法规规定以及监管要求。因此，公有链与企业级应用差距较大。

（2）联盟链。

联盟链是针对特定群体建立起来的，因而设置了一定的准入机制，防止由于参差不齐的参与者的加入而导致整个网络产生利益诉求冲突以及效率低下等问题。联盟链在企业级层面得到了应用推广。联盟链的主要群体是商业协会、集团企业及其产业链上下游企业，以及银行、证券公司等金融机构。互联网时代，这些机构的办公信息化和互联网化程度非常高。区块链技术诞生以来，其去中心化、不可篡改等技术特征得到了这些机构的青睐，但当它们尝试使用以比特币为代表的公有链系统时，处理效率以及合规性等问题导致都不能满足自身的业务需求。在此背景下，符合这些机构自身发展诉求、适应行业特性的联盟链系统得以形成。

当前比较知名的联盟链系统是由 Linux 基金会主导的非营利性质的超级账本项目（Hyperledger）。该项目是旨在推动跨行业区块链技术的开发和普及应用的开源协作工程。基金会的领导方包括金融、供应链物流、制造业等领域的领导者。项目于 2016 年一经推出，就得到包括埃森哲、IBM、华为、三星等行业内领军企业的大力支持和推广应用。另外，如京东于 2018 年 12 月 7 日推出的拥有自主知识产权的 JD Chain，也是 2B 端的联盟链服务系统，且应用场景十分广泛①。2020 年，一场突如其来的新冠肺炎疫情席卷全球，给国内经济和广大人民的生活带来了巨大冲击。许多企业受疫情冲击出现了经营困难的局面。在此背景下，北京海淀区于 2020 年 2 月 7 日上线了基于区块链的中小企业供应链金融服务平台，区内企业可以把与市政府、区政府、区属国企等机构签订的采购合同上传到平台上进行确权认证，并凭借确权证明快速拿到贷款。这为将区

---

① 链行动之大公司（三）：京东部署联盟链 角逐区块链企业级服务市场.（2019-06-05）[2019-11-07]. http://www.iterduo.com/posts/106355.

块链技术应用于解决融资难题增加了新的渠道。

（3）私有链。

私有链一般只对单独的个人或实体企业开放。其应用场景一般是企业内部，如公司内部或者分公司的库存管理、各地数据的汇总统计、数据库管理、审计等，也可以用在政府的预算和执行等公众可以监督的领域。一些金融机构目前也倾向于使用私有链技术。如微众银行和华瑞银行两家民营银行于 2016 年率先将区块链技术应用于联合贷款业务中的备付金管理及对账流程，并搭载在核心产品"微粒贷"上 [1]。

区块链一路走来，从主要用于数字货币领域，到面向各种企业级项目的落地应用。总体而言，区块链技术在企业级层面的应用有如下发展脉络：以私有链和联盟链的方式，企业建立自己的私有链系统；行业内和行业间的企业通过联盟链建立合作联盟，来解决行业利益分配问题。

为什么说区块链可以在供应链管理领域大展拳脚呢？下面，我们来看看现代供应链管理面临的挑战。

现代供应链管理概述

现代供应链管理的定义

供应链管理诞生于 20 世纪 90 年代中期，前身是物流管理，就

---

[1] 私有链有哪些特点？.（2018-12-02）[2019-11-07].https://cloud.tencent.com/developer/news/364372.

是把物资从一地运输到另一地。随着从 20 世纪 90 年代初开始的全球化，大型制造企业在全球多个国家设立子公司，在全球范围内布局其研发、生产、运输等业务。由此，跨国公司、全球供应链开始盛行起来。美国工程院院士李效良（Hau Lee）教授将供应链定义为：由从获取原材料、加工原材料制成中间产品和最终产品，并将产品送到用户手中所涉及的多个企业和企业部门组成的一个网络。

供应链中伴随着物流（也即产品流）的，还有信息流（有关物到哪儿了的信息）、资金流（流动中物的数量，特别是物的所有权的变更，往往伴随着资金的进出），如图 1-2 所示。所以，李效良教授的这个定义将过去的"物流"一个流，扩充为"物流、信息流、资金流"三个流。供应链管理是以物流为中心，包括围绕物流的信息流、资金流的管理。其目的是提高效率，即以最低的成本及时地将物品从产地或仓库运送到目的地。实现这样的管理目的是大多数企业设置的供应链管理部门的职责。

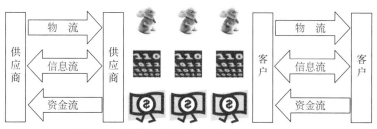

图 1-2　供应链中的物流、信息流、资金流

资料来源：刘宝红 . 采购与供应链管理：一个实践者的角度 . 北京：机械工业出版社，2012.

2017 年 10 月，国务院办公厅在发布的《关于积极推进供应链创新与应用的指导意见》中指出："供应链是以客户需求为导向，以提高质量和效率为目标，以整合资源为手段，实现产品设计、采购、生产、销售、服务等全过程高效协同的组织形态。"这一定义对供应链管理内涵进行了扩展：供应链管理是对供应链中上下游企业之间的竞争与合作关系的管理。供应链管理实质上是遍布各个行业、跨功能部门、跨不同组织的管理。这个定义强调的是产品设计、采购、生产、销售、服务等全过程的高效性。这也就是说，供应链管理不只是采购，不只是物流，而是从顾客需求出发，将顾客的需求转化为设计，基于设计进行采购、生产、销售、服务。这也意味着供应链整个过程需要全流程把控，包括物流如何设计、信息流如何打通等。同时，这些"流"里面不同的工作往往是由不同的组织来做，所以需要整合不同的参与方，整合多渠道的资源。

供应链管理的挑战

基于供应链管理定义的发展，我们可以看到有效的供应链管理是极富挑战性的。一条完整的供应链包含多个参与者，跨越多个行业，从而使得物流、信息流、资金流在供应链参与者之间的流转面临很多困难与挑战，具体如下：

首先，每个参与者都有自己的一套企业管理系统，每天都在记录各种各样的数据，包括前文提到的物流、信息流、资金流等信息。供应链中众多企业独特的系统和记录规则，也意味着信息录入的标准难以得到统一，这给后续信息的快速有效传递带来了障碍。层层的信息传递也会削弱企业获得信息的时效性，而且难以得到处于更前端的供应商的一手信息，相应地也增加了获得虚假信息的风险。此外，现有的供应链信息共享平台往往是中心化的。此时，一方面，黑客可以从外部破解平台、篡改数据，这对平台的安全性提出了很高的要求；另一方面，内部人员有可能监守自盗，从而增大了内部监管的困难。这两种情况都给企业提供了造假空间，使得难以确保供应链数据的准确性及可靠性。

其次，供应链的跨度极大，参与的节点多，信息共享难以覆盖整个供应链，不同参与者获得信息往往迟滞而且不透明。随着产业链的延伸，所涉及的供应商或分销商的数量往往呈指数级增长。传统中心化的信息共享平台难以全面管理产业上下游的所有信息。例如华为这种大型制造业企业，在全球的供应商超过两千家，实践中的选择一般是引入外部力量或者让高一级的供应商管理低一级的供应商。但是，这样"一级管一级"的机制往往会产生信息传递不对称的问题。著名的"牛鞭效应"就描述了供应链上需求变异放大的现象。信息流从终端客户向原始供应商端传递时，因为无法有效地实现信息共享，信息被扭曲而且逐级放大，导致了需求信息出现越来越大的波动，此信息扭曲的放大作用在图形上很像甩起的牛鞭，因此被形象地称为"牛鞭效应"，如图 1-3 所示。

牛鞭效应解释了信息不对称所带来的后果，其实是在下游企业向上游企业传递信息的过程中发生信息失真，而这种失真被逐级放大，从而波及企业的营销、物流、生产等环节。牛鞭效应的形成有系统原因和管理原因。二者的共同作用提高了企业经营成本，对产品供应链造成消极影响，导致其对市场变化的过激反应。当市场需求增加时，整个供应链的产能增加幅度超过市场需求增加幅度，超出部分以库存形式积压在供应链不同节点。一旦需求放缓或出现负增长，大量资金和产品将以库存形式积压，整个供应链可能产生资金周转不良等问题，严重影响供应链的良好运作，甚至导致企业倒闭，对处于供应链末端的小企业而言更是如此。

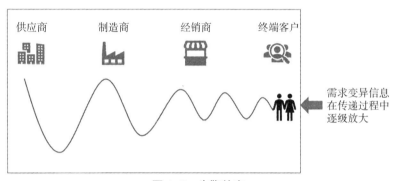

图 1-3　牛鞭效应

管理界著名的啤酒游戏生动地展示了牛鞭效应的存在及其影响。而减弱牛鞭效应的最佳方案就是进行信息共享。目前，供应链各阶段都是按订单而不是按顾客需求进行预测，导致上游企业无法得知真实的消费者需求，使得供应链中存在大量中间库存。如果零售商与其他供应链成员共享数据，使供应链每个阶段、每个节点都能按照顾客需求进行更加准确的预测，提高需求预测准确性，便能减弱牛鞭效应。同时，实行共同预测和共同计划，保证供应链各阶段的协同，并从供应链整体出发设计零售商的库存补充控制策略，也能在一定程度上减弱牛鞭效应。

目前，虽然中国许多企业已通过建立信息系统记录数据，并加强组织内外部的沟通，但供应链管理仍然很粗放，人工成本依然高居不下，沟通不到位且出错率高。供应链中每个节点上的企业都有自己的盈利目标，各自为政、互不通气的情况很常见。供应链上下游企业间的协同困难、信息共享困难等给供应链全局优化带来了很大的阻力，导致企业运作效率低下。例如，常常会出现产品的设计和制造提前期长、销售端拿到客户订单但设计再三返工、生产产能达不到、供应商缺货、库存居高不下等问题。这些问题反映了供应链上的信息传递效率之低。一般来说，传统的制造业企业会根据产业链上下游的存货、销售等数据来动态调整自己的生产经营策略，以期实现最大收益。但在现行机制下，企业缺乏便捷的渠道和有效的激励手段去为链上的其他企业实时更新数据。故而所有企业都以自己获得的局部信息来进行决策，试图实现自身利益最大化。而在这样的情况下，系统的整体效率往往不能达到最优。供应链优化是企业实现发展并获得竞争优势的一个重要途径。如何实现供应链的优化成为企业所面临的重要挑战之一。

最后，供应链流程的不透明也加大了监管难度，特别是对于需要对其进行特殊监管的行业。例如在本书第二章中将提到的食品行业，食品安全关乎人们的生命，需要对其进行有效的监管。但是，供应链信息不透明加大了监管难度，并使得对食品质量安全的监管依然存在很多漏洞。对于在本书第三章中将提到的药品行业，诸多的分销层级加剧了供应链的不透明性，使得监管难度非常大；在一些需要分配监管的特殊药品领域这一问题更加凸显。目前，中国虽然已在这些特殊行业的供应链溯源与监管方面进行了大量的投入，如通过药品电子监管码等来提高供应链的流程透明度，并在此基础上逐步优化相关的监管系统，但是仍然任重而道远。

区块链在供应链管理中的应用方向

区块链技术天然地符合供应链管理的需求，与供应链及服务创新的关系日益紧密。首先，区块链的链式结构，可理解为一种能储存信息的时间序列数据。这与供应链中产品逐级流转的形式有相似之处。其次，区块链作为一种基于信息共享与严格记账规则的去中心化大规模协作工具，可以提高供应链上下游的信息透明度，降低整个供应链的成本和风险。这天然地契合供应链流程与服务化过程中多方交互协作、模块定制组合等特征和管理需求[①]。最后，区块链技术可以有效地对供应链上企业间的交易进行数字化的加密处理，并建立一个分散式的、所有交易信息不可更改的数据存储结构。区块链技术所带来的数据安全性以及质量方面的保障有助于实现数据的实时共享，提高供应链数据的透明度。供应链上的企业可以更加有效地使用端到端的透明化、高质量的数据，从而有效降低获取高质量数据信息的时间成本。区块链技术有很大的潜力对供应链与服务创新过程中信息孤岛、流程冗余、各方强势、关系盘根交错等痛点对症下药。

目前，区块链技术已经在诸多行业的供应链管理中得到一些尝

---

① 参见工信部 2016 年发布的《中国区块链技术和应用发展白皮书》。

试和应用，如食品行业供应链溯源、药品行业供应链溯源等的实践和应用。但是，总的来说，区块链技术在供应链管理中的应用还处于一个非常早期的阶段，尚未形成统一的技术标准，各种应用方案也还在试错当中。然而，其改造供应链与服务流程的前景，以及驱动供应链与服务创新的能力已毋庸置疑。在此背景下，本书旨在通过食品行业供应链溯源、药品行业供应链溯源、供应链金融、物流行业这四个行业应用场景，分析区块链驱动供应链与服务创新过程中的机遇和挑战。

本章总结

本章首先围绕区块链的定义及其原理、区块链的技术特征和分类，对什么是区块链进行初步的介绍；随后对现代供应链管理进行概述，包括现代供应链管理的定义及其面临的挑战；最后在此基础上简要分析了区块链在供应链管理中的应用方向。

附录 区块链的核心技术

1. 点对点传输

区块链是一个点对点传输的网络系统。与传统的中心化网络架构相比，区块链网络中已经没有了中央服务器，每个节点都可以请求服务，也都可以提供服务，节点间的连接不再通过中央服务器而是直接互联（见图1-4）。

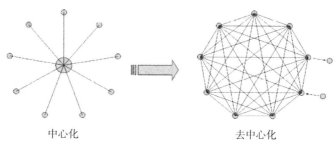

中心化　　　　　　　　　去中心化

图1-4　点对点网络

2. 分布式数据存储

区块链本质上是一个点对点、分布式数据存储的网络数据库系统。在传统记账模式中，交易信息由第三方机构记录和存储。在区块链技术构建的分布式网络中，数据以加密形式储存在网络中的所有节点上，每个节点共同参与确认和维护交易信息。

3. 共识机制

共识机制是链上不同群体所寻求的达成某种共识和维护共识的方式。共识机制是一种区块链治理体系，是综合博弈论、金融学、经济学等多学科设计出来的一套可以确保区块链网络中各节点能够积极维护区块链系统的体系，最早由中本聪提出，并随着技术的发展逐渐演变成保证区块链系统稳定运行的核心机制。

目前的共识机制按照去中心化程度和应用场景可以分为适用于公有链系统的完全去中心化共识机制，如工作量证明机制（Proof of Work，POW）和权益证明机制（Proof of Stake，POS），以及适用于联盟链和私有链的部分去中心化共识机制，如委托权益证明机制（Delegated Proof of Stake，DPOS）、瑞波共识（Ripple Consensus）等。共识机制是沿着从完全去中心化到部分去中心化的趋势逐步演进优化的——从 POW 到 POS 再到 DPOS 和其他各种部分的去中心化共识机制[1]。

（1）完全去中心化共识机制。

在基于 POW 机制[2]构建的区块链网络中，节点通过测算随机数值来竞争区块链的记账权和获取代币。夺得记账权后，该节点把记录交易信息公布到网络中，保证网络中各个节点有相同的账本。但是，测算随机数值的过程是采用穷举法，需要大量的计算，所以在 POW 机制中"矿工"节点的计算能力越强，则越有可能率先计算出结果获得代币，相应地，"矿工"的收益也就越大。

POW 机制的优点是完全去中心化，在设计上保证了基于此所建立的区块链的安全。完全去中心化体现在每个节点都有记账的动力，并且每条交易信息都会被系统中每个节点记录。在争夺代币和

---

① 区块链共识机制的演进 .（2018-04-15）［2019-11-10］.https://www.cnblogs.com/studyzy/p/8849818.html.

② NAKAMOTO S. Bitcoin: a peer-to-peer electronic cash system.Consulted,2008.

记账权这一竞争过程中，代币价格越高，参与竞争的节点也就越多，总的计算能力就越强。而计算能力越强，获取代币的难度也越大。这种看起来自相矛盾的机制使得基于POW机制的区块链网络发展为一个越来越稳健的系统，使得黑客的攻击难度和成本越来越高。

但是，每个节点进行算力竞争，需要耗费大量的电力和时间，而且这些计算其实毫无用处。算力的逐渐集中也形成了安全威胁。只拥有小规模算力的节点已经很难在竞争中胜出并获得代币奖励。因此，一些节点通过组织集中算力来提高竞争力。当攻击者有超过51%的算力时，大概率会抢得记账权，就有能力修改真实的交易信息。

POS是在POW机制消耗大量资源的情况下产生的一个新的共识机制。该机制是参与者可以通过持有代币来获得记账权。持有代币越多的一方获得下一个区块记账权的概率就越大。但这也会导致富者恒富，资源越来越集中也带来了新的安全隐患。

（2）部分去中心化共识机制。

DPOS机制①是POS机制的进化版本。DPOS类似于公司的董事会制度。在该共识机制下，每一位持币人根据自己手中持有的加密货币投票选举出一定数量的代表来负责生产区块。投票的权重是用投票人所持加密货币的数量占总量的百分比来衡量的。被选举出

---

① BitShareswhitepaper. https://github.com/bitshares-foundation/bitshares.foundation/blob/master/download/articles/BitSharesBlockchain.pdf.

的代表负责生产下一个区块，同时也可以获得加密货币的奖励。当代表不能很好地履行生产、管理区块的职责时就会被替换。奖惩机制的存在有助于区块链的稳定发展。但是，由于 DPOS 机制下是由选出的代表来负责生产区块，所以会存在一定的中心化控制，一定程度上降低了去中心化的程度，呈现出部分去中心化的特征。

（3）共识机制的比较。

三种共识机制的比较如表 1-1 所示。

表 1-1 共识机制的比较

共识机制	完全去中心化	安全	高效	说明
POW	√	√	×	低效，需要 1 小时才能达成共识
POS	√	×	√	财富集中，安全威胁比 POW 机制更大
DPOS	×	√	√	部分去中心化；部分消除了 POS 机制下天然的安全问题

4. 加密算法

区块链中的加密算法主要包括哈希算法与非对称加密算法。哈希算法可以将任意长度的字符串通过哈希加密公式，映射为较短的字符串（见图 1-5）。该映射逆函数难以寻找，因此可以在很大程度上提升区块链系统的安全性。

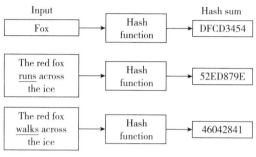

图 1-5　哈希加密算法示例

非对称加密算法在互联网中有着非常广泛的应用场景，更是加密货币的基础。非对称加密和解密过程如图 1-6 所示[1]，具体而言包括 4 个步骤：

（1）用户 A 用自己的私钥（PRIVATE KEY_A）对需要发送的信息进行签名。

（2）用户 A 使用用户 B 提供的公钥（PUBLIC KEY_B）对上一步已经加密的信息和自己的签名信息进行二次加密。

当用户 B 收到用户 A 的加密信息以后，可通过如下过程解密获取信息：

（3）用户 B 使用自己的私钥（PRIVATE KEY_B）解密用户 A 用 B 的公钥（PUBLIC KEY_B）加密的信息。

（4）用户 B 用用户 A 提供的公钥（PUBLIC KEY_A）解密用户 A 用自己的私钥（PRIVATE KEY_A）加密的签名信息。

---

① 区块链加密算法简述 .（2018-06-26）[2019-11-07].https://blog.csdn.net/insistlee/article/details/80817760.

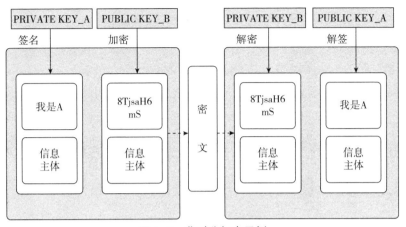

图 1-6　非对称加密示例

第二章
区块链在食品行业供应链溯源中的应用

　　民以食为天。食品质量安全历来是人们关注的焦点。食品安全不但关乎人民的身体健康，更关乎国家的经济发展和社会稳定。这使得食品行业供应链溯源的重要性日益凸显。然而，传统的食品行业供应链溯源技术（如射频识别技术等）也面临着一系列的痛点和挑战。区块链技术所具有的独特性使其在食品行业供应链溯源中的价值日渐凸显，一些企业对此进行了实践探索。

食品行业的供应链溯源及其挑战

食品行业供应链溯源的起源

自 1985 年 4 月疯牛病在英国被首次发现以来，重大的食品安全事件频繁暴发。例如，1996 年 3 月欧洲大陆暴发的疯牛病直接导致整个欧洲农业元气大伤；1999 年 1—4 月，比利时、荷兰、法国、德国四国相继暴发禽类饲料被二噁英污染的事件（二噁英是一级致癌物）。这引发了严重的食品安全信任危机，同时也在客观上催生了食品安全体系的确立。在此背景下，各经济体纷纷逐步建立起各自的食品溯源体系。例如，欧盟在 2000 年推出（EC）No.1760/2000 号法规（又称《新牛肉标签法》）；在 2002 年推出 Regulation（EC）No. 178/2002 号法规（即《食品基本法》），确认了食品可追溯原则，进一步对召回制度做出了详细规定，同年还专门成立了欧洲食品安全局（European Food Safety Authority, EFSA）来协助各成员国贯彻执行该法规。美国的食品追溯制度则贯穿于如《企业注册制度》《预申报制度》《记录建立与保持制度》等一系列制度体系中。而日本推行的"食品身份证"制度，其实质也是食品溯源制度①。

中国食品溯源体系的建立最早可以追溯到 1995 年颁布的《中华人民共和国食品卫生法》。2009 年第十一届全国人民代表大会常务委员会第七次会议通过了《中华人民共和国食品安全法》，明确

---

① 秦玉青. 基于食品链的食品溯源系统解析. 现代食品科技，2007（11）：85–88.

了食品生产商的追溯义务。

2015 年 10 月，修订后的《中华人民共和国食品安全法》正式施行，其中明确规定了国家要建立食品安全全程追溯制度。除国家层面外，北京、上海、山东、四川等地也相继发布了食品溯源制度建设的相关政策①。2015 年 12 月国务院办公厅发布的《关于加快推进重要产品追溯体系建设的意见》提出了中国产品追溯体系建设的目标："到 2020 年，追溯体系建设的规划标准体系得到完善，法规制度进一步健全……"可以说追溯体系建设是强化食品质量安全和防范风险的有效措施。食品追溯旨在记录食品于原产地、生产加工、流通、消费等多个环节的信息，实现"从农田到餐桌"的全程追溯。这使得一旦发现问题，就可快速定位问题发生的环节，实现"来源可查、去向可追、责任可究"，从而有效保障消费者的合法权益。

2017 年 10 月国务院办公厅发布的《关于积极推进供应链创新与应用的指导意见》中，明确指出要"建立基于供应链的重要产品质量安全追溯机制，针对肉类、蔬菜、水产品、中药材等食用农产品，婴幼儿配方食品、肉制品、乳制品、食用植物油、白酒等食品，农药、兽药、饲料、肥料、种子等农业生产资料，将供应链上下游企业全部纳入追溯体系，构建来源可查、去向可追、责任可究的全链条可追溯体系，提高消费安全水平。（商务部、国家发展改革委、科技部、农业部、质检总局、食品药品监管总局等负责）"。

---

① 参见重庆数资区块链研究院 2018 年发布的《区块链在食品溯源行业应用调研报告》。

相关政策和指导意见的陆续出台突出了食品行业供应链溯源的重要性，也为食品行业供应链追溯体系的落地建设指明了发展方向。

传统的食品供应链溯源技术

对于食品溯源，国际上尚无统一定义。国际标准化组织将其定义为："溯源产品的地点、使用以及来源的能力"（ISO9000/2000）。国际食品法典委员会（Codex Alimentarius Commission，简称CAC）认为，溯源是鉴别或识别食品如何变化、来自何处、送往何地以及产品之间的关系和信息的能力。欧盟则认为食品溯源是在"整个食物链全过程中发现和追踪食品生产、加工、配送以及用于食品生产的动物的饲料或其他原料的可能性"。而食品链基于国际标准化组织对其的定义，指的是"从初级生产到消费者的各环节和操作的顺序，该过程涉及食品及其辅料的生产、加工、分销、贮存和处理，包括用于生产食品的动物的饲料生产，也包括与食品接触材料或原材料的生产"。

基于此，食品供应链溯源旨在使在食品链的各个环节（包括生产、加工、配送以及销售等）中，食品及其相关信息能够被跟踪和追溯，使食品的整个生产经营活动处于有效的监控之中[1]。食品供应链溯源涉及生产、加工、存储、运输、零售等环节，涉及的参与者包括上游供应商、生产商、仓库商、承运商、经销商、消费者等。

中国现行的食品供应链溯源技术主要包括射频识别（Radio

---

[1]　杨明亮.食品溯源.中国卫生法治，2006（6）：4-8.

Frequency Identification，RFID）技术、二维码、条码以及传感器网络等。RFID 技术利用电子芯片记录货品流转信息，通过扫描芯片的标签可以获得食品的相对位置信息。二维码技术主要用于获得食品的基础信息。而通过扫描条码可以获取与食品相关的时间信息。传感器网络则利用传感器获得食品生长环境或者加工环境的信息[①]。这些食品供应链溯源技术的应用在一定程度上有助于提高食品的安全性，但是总的来说仍然存在着很多问题。其中最重要的问题可以总结为以下三个方面：

（1）传统的溯源系统的中心化数据存储模式所引发的信任问题。

在这些传统的食品供应链溯源模式下，存在一个中心化的数据库，由一个组织掌握。这使得更改或删除数据的成本并不高，数据的真实性、安全性难以得到保证[②]。无论是源头企业保存信息还是渠道商、经销商保存信息，作为流转链条上的利益相关者，当账本信息对拥有数据的一方不利时，就会存在账本被篡改的风险，从而使溯源信息失效。数据的不可篡改性无法得到有效的保障。因此，传统的溯源系统在信息安全、流转记录的保护措施等方面的缺陷使得其难以得到人们的完全信任。

（2）缺乏动力实时更新完整的溯源信息。

对于商家而言，进行食品溯源的目的更多的是降低发生质量事

---

① 金凯.基于区块链的食品供应链溯源系统设计与实现.北京：北京工业大学，2019.

② 众说区块链：区块链在食品安全溯源领域中的应用.（2017–06–21）［2019–6–14］.https://www.jianshu.com/p/8d28b0820b13.

故的风险，并没有很大动力对外公布生产过程中的数据。而业内提供的追溯技术解决方案也主要聚焦于企业内部产品质量控制和改善的环节。这种程度的追溯并不会给消费者的购买决策带来实质性的影响。例如，某坚果类产品，根据条码在中国食品（产品）安全追溯平台上的查询结果显示，其披露的信息仅包含企业名称、企业注册地址、产品分类、产品品牌、产品名称及产品规格等信息；而其他重要信息，诸如产品标准号、标准名称、上下市日期乃至相关资质证书均为空白。该平台所能提供的溯源信息甚至不如商品外包装上所显示的信息丰富①。同样，某牛奶品牌的查询结果也是相似的。这类似于春秋时期的"物勒工名"，即公众通过现有方式查询能够获取的信息几乎只有一个生产公司的名称而已。

（3）信息处理成本居高不下。

食品溯源过程涉及多个供应链环节、多个参与主体，这也意味着会产生大量的数据信息。而不同环节的诸多参与主体所使用的供应链溯源系统的不一致性大大降低了整合整个食品供应链数据的效率，且限制了挖掘数据潜在价值的可能性。

针对上述传统食品供应链溯源技术所存在的问题和不足，新兴的区块链技术或将成为缓解或者解决上述问题的一个很好选择。

---

① 中国食品（产品）安全追溯平台. 凡心每日坚果 A 款 25 克.［2019-6-14］. http://www.chinatrace.org/door/controller/SearchController/searchByProductCode.do.

区块链在食品行业供应链溯源中的应用价值

2019 年 10 月，中共中央总书记习近平在中共中央政治局第十八次集体学习时突出强调了区块链技术在食品安全等领域的重要应用，并指出要积极推动区块链技术在商品防伪、食品安全等领域的应用①。使用区块链技术来实施食品供应链溯源，是供应链多主体参与、跨时空流转等客观特点的要求。由区块链技术加持的溯源系统能很好地利用区块链技术的特点，部分解决传统溯源系统存在的不足和弊端。尤其是，区块链技术所具有的能够整合多个交易主体的共识机制、分布式数据存储结构、点对点传输和加密算法等多项技术特点，提供了一个可以实现多主体间信息快捷同步、块链式存储、信息极难篡改的理想、可信的信息管理解决方案。具体而言，区块链在食品供应链溯源方面的应用价值至少体现在以下四个方面：

（1）实现商品信息透明共享。

通过商品统一的身份标识，对其供应链全流程信息进行记录、传递、核验、分析，实现供应链网络节点上数据的联通性、一致性、完整性和准确性，解决各企业之间信息孤岛的问题，实现信息的透明共享。区块链技术所构建的分布式数据存储结构使得食品供应链上的各个环节，如生产、加工、储存、运输、零售等可以根据约定的结构同时上传各个节点的数据信息，实现数据的联通性。例

---

① 习近平主持中央政治局第十八次集体学习并讲话.（2019-10-25）［2019-11-07］. http://www.gov.cn/xinwen/2019-10/25/content_5444957.htm.

如，处于生产环节的企业将农作物的生产环境、种植条件等信息上链，处于加工环节的企业将加工环境如加工设备、使用添加剂等信息上链，处于仓储环节的企业将存入与出库时间、温度等信息上链，处于运输环节的企业将运输工具诸如冷藏集装箱内的温度、位置等信息上链，等等。另外，区块链基于时间先后顺序的数据记录使得不同的参与主体能够互验数据，确保了信息的质量。

（2）确保记录信息不可篡改。

通过为生产商、经销商、物流服务商、零售商、政府监管机构、检测机构等主体建立网络节点，可借助物联网技术将产品的原料、生产、加工、仓储、物流、零售等信息自动存储在区块链网络当中。信息上链后会自动同步到各个节点。例如，当处于生产环节的企业将收获的农作物信息，如生长环境、种植条件等信息上传网络之后，该信息将同步到区块链网络中的其他节点，诸如加工、仓储、运输、零售等环节。任一参与主体无法对整个记录信息进行篡改，保证了链上信息和数据的安全性。此外，结合 RFID 技术、传感器等多种物联网技术，有助于保障源头信息的真实性，实现更安全的防伪验证。

（3）提升供应链各主体的协同效率。

供应链上下游企业基于共同的区块链网络，利用分布式账本对从原料开始到生产加工、仓储物流、供应商中转再到零售终端全链条信息进行维护。各参与主体信息共享，互相监督，实现对供应链上下游整体状态的及时了解，提升商品供应链流转效率。区块链技术赋能的信息共享也便于参与各方快速做出决策，降低沟通和协调成本。例如，处于仓储环节的企业可以基于链上相关数据进行动态仓储管理，优化仓储决策，减少诸如商品变质、过期等导致的成本。

同时，基于区块链技术，可以实现将全流程的信息以可视化的方式传递给消费者，提升消费者对商品品质的信任和满意度。智能合约的存在可以加快商品在供应链各个环节的流转，提高供应链响应速度。例如，基于区块链技术所建立的生产者和加工者之间的数字化智能合约，在农作物满足数字化契约中的相关要求（如生产环境、种植条件、化肥施用或农药使用的情况）之后，生产者和加工者之间自动达成产品交易，相关的交易记录也会被存储在区块中。

（4）助力政府部门实现有效监管。

通过区块链网络的信息同步，基于区块链技术，监管部门可以作为一个节点加入整个区块链网络当中，监督企业行为是否合规，如检查相应的食品安全规章制度是否执行等，实现有效快速的监管。在发现问题时，可以快速定位问题来源，确定召回范围，实现来源可查、去向可追、责任可究，以快速可靠的技术方式保证食品的安全与质量管控，保障消费者的合法权益。相关合规结果也可以作为企业数字信用证明的一部分。

区块链在食品行业供应链溯源中的应用案例

自 2016 年起，京东集团就开始对区块链技术在食品供应链溯源中的应用进行了一系列实践和商业化探索。京东数字科技控股股份有限公司（简称"京东数科"）是京东集团设立的，以大数据、人工智能、物联网、区块链等时代前沿技术为核心，以 AI 驱动产业数字化的新型科技公司[①]。京东数科所建立的区块链技术品牌"智臻链"防伪追溯平台主要为企业提供产品流通数据的全流程追溯服务，实现食品等消费品和药品的防伪、品质溯源，以及重大事故出现时的召回与责任界定。截至 2019 年 12 月，平台已积累了超过 13 亿条商品追溯数据，响应消费者溯源查询超过 650 万次，累计合作品牌超过 800 家。平台正持续将区块链等科技能力应用到零售供应链等产业链条中，推动相关领域产业数字化的转型升级。

目前，京东数科区块链技术应用已步入正轨，在技术先进性和应用广度等方面均具有行业领先优势。本书作者团队基于京东数科"智臻链"防伪追溯平台，对京东数科以及 8 家采用"智臻链"防伪追溯平台服务的最佳合作品牌商进行了深入的调研，获取了包括品牌商对"智臻链"防伪追溯平台的使用反馈、价值获取以及意见建议等材料。现就部分品牌商采用"智臻链"防伪追溯平台服务，并部署区块链追溯平台的一些实践进行分享。

---

① 参见京东数字科技控股股份有限公司官网介绍。

雀巢的惠氏奶粉如何运用区块链 ①

惠氏营养品隶属于全球领先的营养、健康、幸福生活公司——雀巢集团。1915 年，世界上第一罐 SMA 奶粉的诞生拉开了婴幼儿配方奶粉的历史序幕，这也是惠氏营养品传奇的开始。一个多世纪以来，惠氏营养品始终秉承"百年卓越，惠泽新生"的品牌信仰，在全球统一的严苛标准下，为广大家庭提供科学创新、品质卓越的母婴营养品。惠氏营养品于 1986 年进入中国，总部位于上海。三十多年来，惠氏营养品与中国市场一起发展、成长，积累了丰富的经验，熟知并满足中国消费者在不同时代的不同需求，成为深受中国消费者喜爱的婴幼儿配方奶粉领先品牌。

供应链特征

近年来，乳制品行业安全事件频发，引发了许多消费者的购买忧虑。以婴幼儿奶粉为例，奶粉的价值和质量不容易被婴幼儿立刻感知。而在婴幼儿需要营养的关键阶段，假奶粉无法提供充足营养，这将对其后天成长产生极大的负面影响，严重的甚至可能致命。因此，消费者非常重视奶粉的品质。而奶粉一旦出现品质问题，品牌形象则会受损，也会无法在市场上立足，面临着严重的经济损失。这使得品牌商必须对婴幼儿奶粉的供应链进行严格的管理和控制，以消除安全隐患。

---

① 中欧—普洛斯供应链与服务创新中心，京东数科智臻链.区块链溯源服务创新及应用报告.2020.

奶粉的供应链大致包括奶源、生产、运输、仓储和销售环节。奶源环节对奶粉的质量起着至关重要的作用。奶牛的品种、喂养的饲料等都决定着生鲜牛乳的质量，并影响最终的奶粉质量。在生产环节，由于需要对生鲜牛乳进行一系列复杂加工，这个环节也会对奶粉质量产生重要影响。而运输、仓储、销售环节是连接企业和消费者之间的桥梁和纽带，对这些环节的管控对保证产品质量、杜绝假冒伪劣情况的产生同样具有重要作用。

在此背景下，许多乳制品企业纷纷建立了防伪追溯系统，以此来加强质量安全管理，确保产品品质，并增强公众信心。乳制品追溯系统的建立一方面可以加强对供应链各个环节的统一管控，实现有效的责任追查；另一方面也可提高供应链透明度，使得消费者可以参与产品的全程追溯，参与产品的质量监督。可不可追溯逐渐成为消费者购买乳制品尤其是婴幼儿乳制品的重要考量因素。

作为全球知名的奶粉品牌，惠氏在全球拥有包括爱尔兰、瑞士、中国、新加坡、菲律宾的 5 大生产基地，并且在中国区的销售额多年来保持稳定增长。惠氏奶粉在中国的生产基地主要是苏州工厂。苏州工厂配备了最先进的生产设备及最高标准的安全体系。但是由于大部分生产基地位于海外，所以从供应链的角度来看，产品溯源还涵盖了国外出关、海上运输、国内入关等环节。较长的周期增加了商品流通过程中出现影响产品质量的事件的可能性，也在一定程度上削弱了消费者的消费信心。基于此，惠氏希望通过区块链追溯服务呈现给消费者真实的链路信息。

"智臻链"防伪追溯平台的应用

在使用"智臻链"防伪追溯平台之前，惠氏建有自己的追溯系统，但并没有使用区块链技术。惠氏的每一罐奶粉都有自己的二维码，扫码后会显示出产品的出／入港日期、生产日期、保质期。

惠氏之所以选择和京东数科在区块链防伪追溯平台方面开展合作，主要是出于以下几个方面的考虑：首先，利用区块链技术可以为每一件奶粉创建"身份证"，清楚地记录奶粉在生产、流通、销售等各个环节的信息，供消费者查询验证，保障奶粉的质量安全。其次，区块链技术下上链信息不可篡改的技术特征给予消费者强有力、可信的技术背书，增强了消费者对品牌的认同和信赖，这对于惠氏来说是最大的收获。此外，基于区块链技术的奶粉供应链溯源能将生产、流通等各个环节的信息记录下来，一旦出现问题，能够及时地追踪、处理，防止问题扩大。

惠氏奶粉在京东平台所呈现出的信息，除了出／入港、生产日期、保质期等信息外，还加入了在京东入／出库时间、何时装箱、何时发到中转站、何时发到快递员手里等物流配送信息。除了这些信息外，惠氏还在考虑未来将追溯过程向上游奶粉生产工厂拓展，使得消费者能够了解奶粉供应链条上的更多真实信息。通过扫码，消费者可以更加便捷地核验产品的真伪，有助于消除消费者关于正品的疑虑。

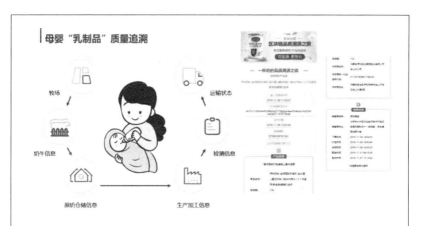

通过与京东数科合作，惠氏奶粉有了品质溯源的标签，专属的品质溯源的流量入口可带来流量。惠氏可以从京东平台观测到购买奶粉的消费者的实际扫码情况。同时，品牌还可以向消费者传达更多关于商品品质、使用、优惠等信息，为消费者提供更加优质和贴心的服务。

鑫玉龙海参如何运用区块链[①]

大连鑫玉龙海洋生物种业科技股份有限公司（简称"鑫玉龙"）由传统的渔业养殖企业成功转型为海洋生物种业高新技术龙头企业，形成了涵盖辽参种质守护、种苗繁育、饵料加工、鲜活海参放养、海参加工、海参精深加工等环节的全产业链蓝色海洋经济发展新模式，为提升中华辽参种质整体水平和国际市场竞

---

① 中欧—普洛斯供应链与服务创新中心，京东数科智臻链.区块链溯源服务创新及应用报告.2020.

争力，推动大连市海参行业优质、安全、高效、可持续健康发展，做出了突出贡献。企业获评"有机农业一二三产业融合发展示范园"，并成功在新三板挂牌上市，还荣获"第六届大连市市长质量奖提名奖"等荣誉。

产品特征

作为世界八大珍品之一的海参不仅是营养丰富的食品，更是名贵的药材，逐渐得到人们的推崇。人民生活水平的提升使得对海参的产品需求不断增加。中国兴起了继鱼、虾、贝、藻之后的第五次海水养殖浪潮。海参产业已成为中国海洋渔业经济的重要组成部分。

海参产量与消费量不断增长，吸引了许多企业纷纷投资海参产业。但是，部分企业盲目追求低成本、高效益，暴露出海参产业发展过程中存在的一系列问题。如：（1）海参苗种多为个体育种，存在育种密度过大、区域布局不合理的问题；（2）海参养殖产量不断提升，但养殖技术及相关规范并没有得到重视；（3）海参加工企业发展缓慢，缺乏品牌培育意识；（4）海参质量安全监管力度不足等。

在这样的背景下，对于海参类产品来说，其产地、特性、生产流程、工艺、流通渠道等因素均会对产品品质产生很大影响。而劣质海参则会对消费者的身心健康造成严重伤害。消费者对海参类产品的防伪和品质保证具有迫切的诉求。

而鑫玉龙作为以海参类产品为主的龙头企业，其产品供应链中的任何一个环节出了问题都会给产品的最终品质带来重大影响，影响消费者的品质认知和满意度，损害品牌形象。这使得公司需要建立相应的追溯系统来实现对海参供应链上下游各个环节的有效管理，以实现品质管控。

"智臻链"防伪追溯平台的应用

鑫玉龙的主要产品是海参生鲜类产品。目前，该公司所有产品都加入了京东"智臻链"防伪追溯平台，并通过"千里眼"视频手段将"育种—育苗—养殖—加工"各阶段生产信息上传到了追溯平台，实现全产业链的追溯体系接入京东平台。鑫玉龙希望通过与京东数科的合作，提升公司的品质溯源能力，实现覆盖全产业链条的追溯。

鑫玉龙通过使用"智臻链"防伪追溯平台，对内可以倒逼企业提升自身管理标准，做好产品质量控制；对外，通过"千里眼"等追溯手段可以让消费者更加直观地了解产品的生产全过程，对产品从哪里来、如何来进行阐释。在使用了"智臻链"防伪追溯平台以后，更多的消费者能够清晰看到产品的全部生产过程，更了解产品，这也在一定程度上打消了消费者对海参产地、养殖等方面的疑虑，提高了其对公司产品的购买意愿。在产品溯源刚上线的两个多月中，很多消费者在购买产品之前都会咨询公司追溯技术的使用情况，并且基本上这些咨询过的消费者最终会购买产品。"智臻链"防伪追溯平台的应用使得公司能够更好地展示出消费者普遍关心的产地、养殖等品质信息。消费者能够放心购买，也就对生鲜品类的销量起到了直接且明显的拉动作用。

中粮福临门如何在食用油领域使用区块链①

中粮食品营销有限公司（简称"中粮"）是中粮集团的专业粮油食品营销公司，致力于集团旗下品牌食品的营销、分销管理及部分外来品牌产品分销代理业务。这也是中粮集团"十三五"发展战略中的核心主业之一。1993年10月18日，第一桶福临门食用油在天津下线。作为中粮集团在粮油食品行业的战略品牌，"福临门"依托国家发展，立足中粮集团全球布局优势，经过20多年的不断耕耘，旗下产品涵盖食用油、大米、面粉、调味品等。

作为中粮集团旗下的品牌，"福临门"系列食用油的销量在全国同业中名列前茅。目前，"福临门"已经跃升中国食用油知名品牌之一，并积极致力于新产品的研发，连续推出了营养家食用植物调和油、黄金产地玉米油、葵花籽油、家香味菜籽油、家香味沂蒙土榨花生油、家香味老豆油等产品。依托中粮集团全产业链战略模式，"福临门"的所有生产基地，全部通过了ISO9001/2000国际质量管理体系及HACCP食品安全与预防体系的双重认证。

---

① 中欧—普洛斯供应链与服务创新中心，京东数科智臻链.区块链溯源服务创新及应用报告.2020.

产品特征

食用油的供应链核心环节主要包括原材料采购、成品加工、流通、消费等核心环节。在上述环节中，原材料采购环节的种子选育、农药使用、化肥投入、土壤养分及水分等，成品加工环节的压榨、滤油等制取工艺，很大程度上影响着食用油的品质。涵盖食用油供应链各环节的追溯主要用于防止假冒伪劣产品，并使食用油在流通过程中得到有效监管。消费者通过扫描产品包装上的二维码即可查询食用油产地、品种、制造商、重量、营养成分等信息。

"智臻链"防伪追溯平台的应用

建立食用油质量安全监管追溯信息系统被列入了中国实施的"十三五"百大工程项目。无论是从市场反应速度还是从连接零售终端、物流追踪、经销渠道管控来说，食用油追溯都有着举足轻重的作用。这也意味着食用油从产地到销售、从农田到餐桌全程可追溯将成为未来的主流。对于中粮福临门而言，食用油供应链追溯是保护品牌、防伪打假的有效方式。现阶段，中粮福临门在一款定制化的礼盒装产品上应用了京东"智臻链"防伪追溯平台服务，并通过在礼盒上人工贴二维码的标签来提供溯源信息。该产品在京东独家销售。因为油类产品的特殊性，目前可以追溯到工厂的生产环节。消费者通过扫码即可查询食用油的品种、产地、制造商、重量、营养成分、质检报告、工厂照片、生产日期等信息。从后台数据来看，使用"智臻链"防伪追溯平台服务之后，消费者对该产品的浏览量提升，关注度提高。由于该品牌属于传统行业，因此采用"智臻链"防伪追溯平台服务，不论是对于食用油行业，还是就和京东的合作创新模式而言，都是一次全新的探索。采用"智臻链"防伪追溯平台服务所带来的人工成本、标签的支出以及消费者扫码率低、实际收益不明晰等问题仍然需要进一步的关注和探索。

本章总结

本章基于传统食品行业供应链溯源技术的不足，如传统溯源系统的中心化数据存储模式所引发的信任问题、缺乏动力实时更新完整的溯源信息、信息处理成本居高不下等，阐释了区块链技术在食品行业供应链溯源中的应用价值。在此基础上，本章基于京东数科"智臻链"防伪追溯平台，对惠氏奶粉、鑫玉龙海参、中粮福临门食用油等品牌商就其在区块链追溯平台部署过程中的一些实践进行了展示和分享。这些创新应用案例揭示了具备去中心化和不可篡改等技术特征的区块链技术赋能的食品行业供应链溯源在提升供应链透明度、提高产品质量、增强消费者信心和提高客户满意度等方面可以发挥重要的作用。

第三章
区块链在药品行业供应链溯源中的应用

　　药品行业被称为"永不衰落的朝阳产业"，是国民经济的重要组成部分。20 世纪 70 年代以来，全球制药行业始终保持高于国民经济的发展速度。随着中国居民生活水平及城镇化水平的不断提高、医疗保险制度改革的全面推进以及人口老龄化程度的不断加深，中国的药品行业需求在很长时间内仍将保持刚性，且从长期来看具有巨大的发展前景①。然而，药品行业供应链的特点也使得该行业面临着药品质量安全问题等挑战，并对供应链溯源提出了要求。区块链技术对解决药品行业供应链溯源中的痛点问题有着重要的应用价值，在实践中也得到了一定的应用，并且呈现出广阔的应用前景。

---

　　① 参见麦尼哲中国危机管理资源网。

药品行业供应链的特征及溯源挑战

药品行业供应链的特征

药品行业供应链形态复杂。简单来说，上游包括中药、化学药、生物药等生产企业，中游为药品流通企业，下游为医院、诊所、零售药房直至患者，如图3-1所示。药品行业的上游企业是知识密集、资本密集型企业，具有较高的技术壁垒、较高的人才需求、较大的资金资产投入、较长的产品研发周期，并且一旦成功会获得丰厚的利润回报等特点。中游企业除了需要具备一些必要的药品流通资质外，还承受着比较大的资金压力。下游也具有一定的知识门槛，大部分药品必须在专业医师、药师的指导下使用。

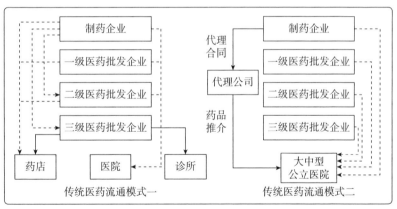

图 3-1　传统医药流通模式

总的来看，传统药品行业供应链具有分销层级多、覆盖范围窄、中间库存大、终端类型多、库存周转慢、价格维护难、厂家与用户无互动、厂家营销维护人员多等特征。药品行业供应链的这些特征也使得药品行业供应链的运作存在着较大的风险，也为药品行业供应链溯源提出了挑战。

药品行业供应链溯源的挑战

开展药品溯源工作具有重要意义。这体现在以下三个方面：一是建立追溯机制可以有效监控企业，防止企业为了追逐利益而生产或经营存在质量安全问题的药品。假劣药品不仅无治疗作用，还可能给患者的生命健康造成重大危害，甚至可能对更多的人造成间接伤害，扰乱正常市场秩序，导致市场配置资源的效率低下。二是部分药品具有社会福利性质（如艾滋病治疗药物、医保报销目录内的药物等），需要引入追溯机制来协助政府做出引导药品生产分配监管的决策。三是药品追溯带来的信息透明将有利于解决药品信息不对称所带来的问题。

药品行业供应链的不同参与者了解药品的部分信息，同时彼此之间存在信息隔阂。例如，生产企业熟悉药品的整个生产过程、成分、性状、适应证、不良反应和注意事项等信息；流通企业了解药品的包装规格、储存和运输条件等基本信息；医疗机构对药品的适应症、不良反应、注意事项等信息比较清楚；而患者或者消费者一般只能通过医生和药店等的宣传来间接了解药品的有关信息。医疗机构与药品生产企业和药品流通企业之间存在着信息不对称。医疗机构掌握着患者状况与需求、家庭背景以及不同生产厂家生产的同类药品在本机构的销售情况等方面的信息，这种信息不对称极可能引发逆向选择和道德风险 ①。

中国开展药品溯源工作最早始于 2006 年左右。为了解决假药泛滥、窜货严重的问题，原国家食品药品监督管理总局开始实施药品电子监管工作。印制在药品包装盒上的数字条码是药品的"身份证"，消费者可以通过扫描条码获得药品的生产和流通信息，监管部门可以据此监管药品的生产和流通状态。一旦发生药害事件，问题药品的管控和追责工作亦可有效开展。药品电子监管也取得了一些成果。例如，2012 年，麻醉药品、精神药品、血液制品、中药注射剂、疫苗、基本药物全品种均已纳入电子监管；截至 2015 年底，境内药品制剂生产企业、进口药品制药厂商全部纳入中国药品电子监管网。

但是，药品电子监管码一直不受企业欢迎。首先，印制药品条码需要加装特制的电子监管码设备，增加了企业的投入。后期的运营维护也增加了企业的工作量和运营成本，这对企业来说是一种负担。其次，电子监管码相关数据让企业的进存销情况一览无遗。一旦数据泄露，就可能给企业带来巨大损失。2016 年 1 月，湖南养天和大药房企业集团有限公司就因此将原国家食品药品监督管理总局告上法庭。2016 年 2 月，原国家食品药品监督管理总局宣布暂停执行有关药品电子监管码的规定。此后的两年，国家层面统一的药品溯源工作暂停。但不少药品生产经营企业为了保证药品质量，防止假劣药进入流通渠道，以及避免药品流通过程中的"窜货"现

---

① 参见麦尼哲中国危机管理资源网。

象，仍在继续开展药品溯源工作。

实际上，中国并没有放弃对药品溯源体系的建设。2018 年 10 月，国家有关部门印发《关于药品信息化追溯体系建设的指导意见》。它要求分三步完成中国药品信息化追溯体系建设：首先，疫苗、麻醉药品、精神药品、药品类易制毒化学品、血液制品等重点产品应率先建立药品信息化追溯体系；其次，基本药物、医保报销药物等消费者普遍关注的产品应尽快建立药品信息化追溯体系；最后，其他药品逐步纳入药品信息化追溯体系。2019 年 4 月，国家有关部门发布了《药品信息化追溯体系建设导则》《药品追溯码编码要求》两项针对追溯体系的信息化标准文件；2019 年 8 月，国家有关部门印发了《疫苗追溯基本数据集》《疫苗追溯数据交换基本技术要求》《药品追溯系统基本技术要求》等针对疫苗信息化追溯的标准；2019 年 9 月，国家有关部门针对药品追溯发布了《药品生产企业追溯基本数据集》等 5 个标准意见稿，面向社会征求意见。此外，《中华人民共和国疫苗管理法》和修订的《中华人民共和国药品管理法》两部重要法律出台，也从法律层面上确定了建立疫苗、药品追溯制度的意义①。

区块链在药品行业供应链溯源中的应用价值

区块链技术可以提供去中心化的系统运行机制，打破了互联

---

① 药品信息化追溯体系正在加码，从 0 到 1 的体系建设带来这三大趋势 .（2019–10–08）［2019–11–07］. https://mp.weixin.qq.com/s/–H1ZU7EUmDLaqpNdgLX0dg.

网的治理边界，实现真正意义上的数据公开透明，并基于分布式数据存储，增强了数据可追溯性。数据一旦被区块链记录，就会在全网传播、达成共识并存储；而基于数据广泛分布于全网节点中的特征，任何人单方面篡改数据都是不可能的。这一特征确保了数据的真实可信。

区块链具备改变医疗保健行业的潜力，尤其是在药品行业供应链领域。每年医药行业由假药和患者安全问题造成的损失高达2 000亿美元。区块链技术的应用可能会扭转这一局势，并在政府监管、企业经营、提升消费者信心等多方面具有积极意义和价值。从政府监管的角度来说，区块链技术和结构功能非常契合药品供应链安全监管的核心要求。通过药品区块链追溯技术可以有效分配监管资源，提升监管效率，提高监管质量。同时，畅通的药品信息追溯平台可以实现监管部门之间的信息实时共享，为科学决策和监管提供数据支撑。从企业经营的角度来说，公开、透明、有效的药品区块链追溯信息平台可以实时发布药品市场监测信息，即时通报不合格药品召回信息等，使消费者了解药品安全的真实情况，提升消费者信心并推动企业的信用建设。从患者的角度来说，患者可以通过公正、有效、实时、透明的药品区块链追溯平台及时规避药品安全风险，防范所谓的SSFFC药物，即不合格（substandard）、假的（spurious）、不实标签（falsely labeled）、伪造（falsified）和假冒（counterfeit）药物，以降低药害事件发生概率[1]。

---

[1] 参见麦尼哲中国危机管理资源网。

区块链在药品行业供应链溯源中的应用目前集中在以下几个场景：

（1）药品质量和安全追溯。在许多国家，处方药被要求利用一个电子的可互操作系统来识别和追踪其分发全过程。美国FDA明确要求所有处方药的制造商、分销商和各种药房都必须遵守此原则。

（2）管制类药物的监管。美国联邦政府正逐步支持制药行业负责监控供应链，监控非法和非常规订购附表Ⅱ类药物（阿片类药物等），并对违规的分销商进行经济惩罚。而制造商们也担心自己会被追究连带责任。

（3）冷链监测。根据美国FDA、USP-NF、欧盟GDP以及WHO的规定和指导方针，在整个供应链中需确保药品全程冷链运输。

（4）保障药物活性成分。利用区块链技术，追溯药物活性成分的来源和产地，以从源头开始监管药物活性成分的有效性和安全性。

（5）打击假药和优化药品行业供应链。美国的药品流通模式由三方主要参与者组成——制造商、分销商和各类药房。目前的药品供应链基础设施是孤立的、碎片化的，总在试图利用一种补丁修复方法，将追溯和跟踪技术与其他过时的方法整合在一起。支离破碎的基础设施为"互联网＋药店"的假药交易提供了温床，通过互联网贩卖假药的行为乘虚而入。病人或医疗服务机构无法追溯药品的来源。而应用区块链技术，药品流通模式的性质迫使三方参与者在审计和跟踪库存方面具有同等透明度，环环相扣，以确保药品尽可能安全、快速地送达患者手中。这三方共同的需求是增强供应链的可见性，能审查药品从生产到患者服用的过程。如果供应链上每一方都能看到各个环节的流转信息，并对药品分布进行确认，那么，假药想鱼目混珠进入医疗市场就会难如登天。

区块链在药品行业供应链溯源中的应用案例

国外企业的探索应用

目前已有很多公司开展了区块链技术在药品行业供应链溯源的应用实践。

国外医药行业应用区块链案例 ①

BlockMedx 利用基于 Ethereum 的平台来管理处方流程，其中所有数据都安全地存储在区块链中。医生给患者开具处方后，指定的药剂师可以通过区块链进行验证，然后给药。该系统使得对阿片类药物等受控药物的管理更加高效。

Project Heisenberg 也通过智能合约来追踪处方流程，它为患者、医生和药房提供了单独的门户网站，以便他们能够参与处方流程。

ScriptDrop 致力于简化向患者提供药物的过程。通过直接

---

① 全球"医药 + 区块链"项目盘点：四大方向、五类布局，辉瑞、诺华等制药巨头已投入重金 . (2019-02-18)［2019-11-07］. http://m.sohu.com/a/295383403_104421.

将药送到患者手中，ScriptDrop 减轻了患者去药房取药的负担。ScriptDrop 还利用虚拟助手来追踪药物的使用情况，了解患者的依从性。

ScalaMed 也提供了一种基于区块链技术的解决方案，通过建立以患者为中心的模型，对所有处方进行追踪以增强药物依从性。ScalaMed 将该解决方案描述为一个电子处方"收件箱"，可以解决药物管理不善的问题。在当前的系统中，很难将不同的数据放在一个患者也可以访问的地方，而 ScalaMed 的解决方案可以将所有的处方信息集中到一起，避免药物交叉反应的出现。

Gem 正在使用 Ethereum 来简化医疗服务的索赔管理。它将患者、医疗服务提供者和保险公司汇集到一个系统中，并对患者的健康状况进行实时监控。

Change Healthcare 利用超级账本的结构框架，进行基于区块链的索赔和收入管理。

HSBlox 发布了两款产品——RevBlox（TM）和 CuraBlox（TM），用于索赔管理。产品基于名为 Simplified Exchange and Transparency for Users（SETU）的区块链平台，可以帮助用户简化交易，并提高交易的透明度。除了利用区块链技术的准确性和开放性，HSBlox 还利用机器学习对索赔进行自动决策，例如检测重复索赔或识别拒绝索赔的情况。

Pokidot 推出的 Dockchain 利用智能合约，在临床环境中提供基于区块链的财务数据处理服务。多家医疗保健公司，包括

> Humana 和 UnitedHealthcare 等保险公司，一直在研究一个试点
> 项目，即利用区块链来维护和共享来自医疗服务提供者的管理信
> 息。该项目旨在解决保险索赔管理中的冗余和低效问题。

京东数科疫苗的区块链追溯案例——利用区块链技术照亮疫苗安全的最后盲区

2020 年肆虐的新冠肺炎疫情让疫苗成为人们讨论的热点话题，但这并非与疫苗相关的话题第一次出现。近二十年来与疫苗相关的话题时常会登上新闻头版头条，但往往是以极其负面的形象出现的，常常伴随着令人震惊的疫苗安全事件。光是近五年中国就发生过四起具有恶劣社会影响的疫苗安全事件，包括山东疫苗事件、长春长生疫苗事件、江苏金湖过期疫苗事件和石家庄疫苗错种事件等。疫苗安全成为社会关注的焦点，也成为国家进行药品监管的头等大事。

目前中国已经在保障疫苗安全方面做了大量的工作，使得疫苗在生产环节和流通环节的安全性得到了强有力的保障。例如，在生产环节，疫苗生产企业必须先取得相应的生产许可证，并在严格遵循《药品生产质量管理规范》的前提下，才能开展生产。与此同时，药品监管部门会以每年不少于一次的频率对疫苗生产企业进行检查，并对违规违法的企业实施严厉处罚，从而保障疫苗生产的安全可靠。在流通环节，除了《药品经营质量管理规范》会对流通企

业进行约束外，2020 年 3 月建成的疫苗信息化追溯体系可以使药品监管部门清楚地掌握疫苗的流通动向，从而强有力地保障了疫苗在流通过程中的安全性[①]。

相对而言，疫苗在使用环节仍存在安全性盲区。不同于疫苗生产环节工艺的高度规范化，也不同于疫苗流通环节追溯的高度信息化，疫苗的使用环节目前是人为因素参与最多的环节，因而也是安全风险较高的环节，稍有不慎也会产生严重后果。例如，安徽庐江县石头镇卫生院由于院内就诊人数较多，忙中出错，给本应接种百白破疫苗的一名幼婴误种了水痘疫苗[②]；江苏南通市经济技术开发区新开街道社区卫生服务中心医师在接种时，失手掉落了一瓶在保质期内的已去掉顶盖的 A 群流脑多糖疫苗瓶，在寻找时从桌底捡到一支无顶盖的同品种疫苗瓶，未核对就继续进行后续的接种操作，事后被儿童家长发现该支疫苗已过期[③]；江苏金湖县黎城镇卫生院防保所疫苗保管人员未按规定定期清点疫苗批次、有效时间，同时接种人员在使用时未核对疫苗批号，最终导致 145 名儿童接种了过期脊灰疫苗[④]；河北石家庄市桥西区汇通社区卫生服务中心预防接种人员为牟取私利，对 29 名儿童使用 b 型流感嗜血杆菌（HIB）疫苗替

① 林丽鹏.最严格管理 全过程追溯:"一物一码"疫苗亮出身份证.人民日报，2020-01-13.
② 王正茂.种错疫苗 医院赔钱.新安晚报，2012-09-18.
③ 王继亮.卫生院被质疑用过期疫苗，南通官方：正确疫苗瓶掉落后捡错，将严肃处理.人民日报，2018-10-12.
④ 朱筱.江苏金湖过期疫苗事件 17 名责任人被问责.新华网，2019-01-11.

代五联疫苗接种 ①。

人为因素的过度参与是疫苗使用环节安全风险的最大来源。要想保障疫苗的使用安全，就需要最大限度地降低人为因素的干扰。目前在疫苗的使用环节，疫苗购入时的核验追溯、疫苗储藏时的温度保持、疫苗使用时的"三查七对"（操作前查、操作中查、操作后查；对床号、对姓名、对药名、对剂量、对时间、对浓度、对用法）以及疫苗失效后的库存清理均是由人工完成的，这就难免会有疏漏，并造成监管上的困难。尽管国家有关部门已经通过制定一系列标准化操作流程，同时加强对医师等相关人员的培训，提升了疫苗使用的操作规范度；但是要想真正确保疫苗的使用安全，还必须增强疫苗使用过程的自动化、信息化程度和透明度，减少人为因素的参与和构建更有力的监管机制，从根本上保障疫苗的使用安全。在这一方面，京东数科的"智能设备 + 区块链"的实践案例提供了一种可能的解决思路。

在"智能设备 + 区块链"的解决方案（其业务架构如图 3-2 所示）中，首先，京东数科利用智能疫苗存储冷柜和智能校验安心疫苗接种台等智能设备增强了疫苗使用过程的自动化、信息化程度。例如，利用智能疫苗存储冷柜，可以实现电子精准控温，将柜内温度保持在疫苗贮存所需的 2~8℃。冷柜所配有的人脸识别系统和指纹识别系统可以保障疫苗存取安全。冷柜在每支疫苗入柜时均需要扫码，自动完成每日库存盘点核对，并可一键生成库存报表。而智

---

① 闫起磊．石家庄"接种疫苗事件"调查新进展 接种人员为牟取私利对 29 名儿童使用替代疫苗．新华网，2019-02-03.

能校验安心疫苗接种台是疫苗接种的场所，它可以在医师扫码取疫苗时自动进行信息验证，确保受种者、疫苗及接种服务信息统一对应，从而避免接种错误。

此外，智能校验安心疫苗接种台具有双显示屏，既可以满足医师的工作需求，也能提升受种者的服务体验。具体来说，双显示屏的受种者一侧可以在受种者接种时显示友好互动信息，可以安抚受种者（特别是儿童）的紧张情绪，并在接种完成后，向受种者展示本次接种记录的详情以及后续的注意事项。相关界面如图 3-3 所示。

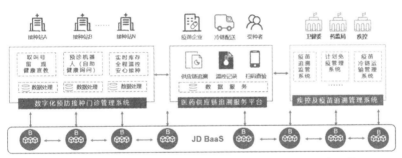

图 3-2　京东数科"智能设备 + 区块链"解决方案的业务架构

图 3-3　智能疫苗存储冷柜、智能校验安心疫苗接种台以及区块链监测信息

其次，京东数科利用区块链技术增强了疫苗使用过程对于监管部门和消费者的透明度。疫苗生产及流通环节的相关企业、接种站

等作为独立的信息存储节点，分别将疫苗抵达接种站之前在生产及流通环节的追溯信息、在接种站的疫苗库存温控信息和疫苗接种信息保存在区块链平台上。这些信息在接种站、监管部门和消费者三者之间共享。

京东数科"智能设备＋区块链"的解决方案实现了相关部门对疫苗使用环节的更有效的监管。消费者也可以实时了解疫苗使用的全部信息，从而极大地提升消费者信心，使其获得更好的服务体验。

当然，区块链技术在该方案中的作用不止如此。例如，区块链技术不可篡改的特性可以确保疫苗使用数据记录的准确性和客观性；区块链技术数据加密的特性可以确保疫苗使用数据写入存储的安全性、可靠性等。

就落地而言，该方案已于 2019 年 3 月在银川中山南街卫生服务中心展开实际应用。截至 2020 年 2 月 18 日，已实现对 27 种共计 1 300 多支二类疫苗的智能化管理，共计完成 1 000 余次接种。在运行期间，运行稳定率高达 100%，共计 27 次准确监控到疫苗存储温度异常，为后续及时寻找原因并解决问题起到重要预警作用。

京东数科以区块链技术为手段，打造了智能疫苗存储冷柜和智能校验安心疫苗接种台等智能设备，提出并应用了"智能设备＋区块链"解决方案。这一方案的落地不仅减少了疫苗使用环节的安全风险，提升了监管的有效性，也增强了消费者的信心，用创新的治理手段和治理技术照亮疫苗安全的最后盲区，值得后来者借鉴和思考。

区块链技术是促进多节点之间信息共享、增强信息透明的重要技术手段。但同时需要注意的是，只靠区块链技术是不行的，必须配有相应的自动化信息捕捉系统和上传系统才能真正确保源头信息的真实可信。

天士力：应用区块链技术解决中药材质量问题的畅想

中医是中华民族的瑰宝，它拥有着有别于西医的哲学体系及治疗手段，在医疗保健过程中发挥着重要的作用。新冠肺炎疫情发生以来，中医药全程参与、深度介入疫情防控工作，在疫情防控中发挥了重要作用。中国先后派出 5 批 773 人的国家中医医疗队驰援武汉，全系统近 5 000 人奋战在湖北抗疫一线，全国近 100 家中医医疗机构作为定点医院参与了救治工作。全国确诊病例中医药使用率超过 90%，为疫情防控取得重大战略成果贡献了中医药力量[1]。

党的十八大以来，以习近平同志为核心的党中央从统筹推进"五位一体"总体布局、协调推进"四个全面"战略布局、增强民族自信和文化自信的全局和战略高度，对中医药传承创新发展做出一系列重大决策部署。尤其是自《中华人民共和国中医药法》等一系列法律法规实施后，中医药服务体系逐步健全、服务能力稳步提升，中医药各项事业和产业发展取得明显成效，中医药传承创新发展的整体水平稳步提高。中医药在维护和促进人民健康、推动健康中国建设中的独特作用越发明显。

---

[1]　王比学．为贯彻实施中医药法"把脉开方"．人民日报，2021-07-06（6）．

在实际应用中，中医药的疗效不仅与中医医师诊疗水平有关，也和中药材的质量密不可分。尽管近年来中药质量监管机制有了极大改善——2018—2020年，平均每年抽检中药材、中药饮片约5万批次，抽检样品总体合格率分别为88%、91%和98%，但同时，全国人民代表大会常务委员会执法检查组关于检查《中华人民共和国中医药法》实施情况的报告指出，中药材质量安全问题仍较为突出：中药材质量参差不齐，中药材种子种苗发展混乱、农药残留超标等问题突出。一些企业和个人单纯追求中药材产量和利润，过度使用农药、化肥，不到年限乱采滥收，以次充好、以假乱真的现象仍时有发生。质量参差不齐的中药材，既影响了中医药的声誉，也影响了中医药的传承发展。为了深入厘清中药材质量问题的根源，有必要对决定中药材质量合规性的中药材种植加工和中药材流通两大环节进行深入分析。

在中药材种植加工环节，产地、采摘时令、炮制加工对中药材质量有着根本性影响。先就中药的产地来说，中药材的质量受许多复杂因素的影响，比如气候、土壤、纬度、海拔等，而完全弄清楚影响中药材质量的种植条件是一个复杂的系统性工程，还有很长的路要走。目前能确定的是中药材的产地对中药材的质量有着至关重要的影响。例如，四川产的黄连所含有效物质比湖北产的高2.73%；北方种植的黄芪移种到长江沿岸，原先扎根向下的黄芪长成了鸡爪形；丹参曾移种到上海崇明岛，虽然长势良好，却测不到活性成分丹参酮。

再就中药的采摘时令来看，有句话这么形容："三月茵陈四月蒿，五月六月砍柴烧"。如果中药材不按规定时令进行采摘，就会造成较大的中药材质量滑坡。比如杭白菊、三七需要五六年才能长成，但有些药农往往等不了那么长的时间，会提前采摘变卖；一些根茎类药材应该在花开前或花谢后采收，有的药农却在花期采收；板蓝根、白芷、当归一类药材，有的药农看行情不好，就把药材留在地里，让其继续生长，等着涨价，但实际上这些中药材当年不收就会开花抽薹，做药用的根会"发柴"（即严重木质化），彻底丧失药用价值[①]。

最后从中药材炮制加工过程来看，中药材炮制加工工艺不合规也会对中药材质量产生巨大影响。中药材要想发挥应有的疗效，必须遵循特定的炮制工艺。而这本应由专门的饮片厂完成。但现状是，有不少中药材是由没有专业加工技能的农民直接切片。举例来讲，乌药适合在产地趁鲜切制，但甘草、黄芪等中药材必须经过干燥处理，将水分控制在25%左右再进行切制。而这些操作要领，没有经过专业培训的药农是不理解的，这就会导致中药材质量的降低[②]。

在中药材流通环节，层出不穷的假冒伪劣中药材会扰乱市场秩序。中药材的供应链有这样几个环节：农民—村上的大户—多级中药材商（包括小中药材商、集散地中药材商、大中药材商）—饮片厂/中药铺/中药生产企业。最容易出现假劣中药材的是中药材在多

---

① 王君平.道地药材何处寻［聚焦·关注中药材质量（上）].人民日报,2013-10-25.
② 刘红卫.中药材行业存在的问题与解决建议（五）：我对中药溯源的认知与建议.中国现代中药,2020.

级中药材商之间的流转环节（如小中药材商—集散地中药材商—大中药材商）①②。中药材造假所带来的丰厚利润，使得不良商贩铤而走险进行中药材造假。常用的手法有以下几种：第一种是模制，即根据一些药材的形状先制成一定的模具，然后将其他材料入模压制，如将淀粉、石膏粉调制入模制造"冬虫夏草"；第二种是造形，即将一些物品经过刀刻定形，再打光、染色或缝合加工成一定形状，冒充正品药材，如将鸡蛋、明胶等物质加工成菜花状团块，冒充紫河车；第三种是染色，即将一些外形相似但色泽不同的植物切片染色假冒正品饮片，如用葡萄皮加颜料染制冒充山茱萸；第四种是熏制，如用无药用价值的檀香边材木块或其他有类似色泽的硬质木块，喷香精冒充檀香；第五种是掺杂，主要是将砂石、泥块、尘土、滑石粉、石膏、明矾、盐、糖等以各种手段掺入正品药材中。名贵中药材每千克价格动辄上千元，增重剂价格每吨仅为数百元，不同药材每多重一千克就可以多赚数千乃至上万元，造假利润相当惊人，而这也是这些不良商贩作案的动机③。

中药材在种植加工、流通过程中的诸多隐患直接导致了中药饮片一直都是中国药品不合格的重灾区。在2019年全国各省的中药饮片质量抽检中，5 865批次的中药饮片中有1 858批次不合格，占

① 陈一昀.掺杂使假背后 中药材追溯体系是与非.新金融观察报，2012-07-08.
② 张辰露，梁宗锁，冯自立，等.我国中药材溯源体系建设进展与启示.中国药房，2015，26（16）：2295-2298.
③《经济参考报》假药调研小组.中药材领域造假利润惊人.经济参考报，2013-03-21（2）.

比为 31.68%①。

为了解决中药材质量问题，天津知名中药企业天士力控股集团给出了解决方案。天士力控股集团创立于 1994 年，是中国著名的中药制造企业。天士力自己的中药产品基本对中药材实现了全程溯源跟踪，确保药材质量稳定可靠。特别是复方丹参滴丸的两味药材丹参和三七，天士力从一开始就建立了自己的药材种植基地，包括天士力陕西商洛丹参种植基地和云南文山三七种植基地，从源头管控，确保了药材质量和药物成分含量等指标，从而保证了中药产品的药效和安全性。天士力陕西商洛丹参种植基地是中国第一个获得《中药材生产质量管理规范认证管理办法（试行）》②认证的中药材种植基地。同时，公司通过了美国 FDA 对药材的全流程审核，其中复方丹参滴丸通过了美国 FDA 的三期临床试验，该产品是治疗冠心病和心绞痛的著名药品，也是带领中医药扬帆出海，走向国际化的明星产品。目前，天士力围绕大健康产业，以制造业为中心，建成了集中药、化学药、生物药和保健品的产供销为一体的高科技医药集团。天士力与中药产业有着密不可分的联系，有着参与中药材治理的天然基因和动力。同时，作为中药现代化的领军企业，天士力在做好自己产品的药材全程溯源可控的同时，为解决中药材质量参差不齐和市场秩序混乱等行业痛点，以中药材批发市场为切入

① 张秀兰.新版《药典》公布 2 600 亿中药饮片市场迎更严监管.新京报，2020-07-03.

② 关于印发《中药材生产质量管理规范认证管理办法（试行）》及《中药材 GAP 认证检查评定标准（试行）》的通知.（2003-09-19）[2019-11-07].http://www.gov.cn/gongbao/content/2004/content_63083.htm.

点，以打造中药材互联网交易平台为手段，提供了包括中药材第三方检测和中药材全程追溯在内的解决方案。

天士力选择以河北省安国市作为切入点。安国地处华北平原腹地、京津石三角中心地带，地理位置优越。它具有悠久的中药材交易历史，从北宋到明清，安国一直享有"草到安国方成药，药到祁州（安国古称）始生香"的美誉。近百年来，安国更是发挥着"南药换北药，东西大交流"的重要枢纽作用，被称作"药都""天下第一药市"。安国药市被列入全国首批非物质文化遗产，还拥有药王庙文化博物馆、数字中药都、药用植物公园、药博园等多个药文化旅游景点。药业经济涵盖了一、二、三产业，已形成了从种植、科研、加工、生产、经销到使用的完整产业链。安国中药材种植面积常年保持在 15 万亩左右，品种 300 多个，尤以祁菊花、祁山药、祁紫菀、祁沙参、祁薏米、祁芥穗、祁白芷、祁瓜蒌品质纯正，这八种药材被誉为"八大祁药"；北沙参占全国产量的 80%，白芷、丹参占 10% 以上；齐村被誉为全国甘草加工第一村。全市涉药人员 10 万余人，其中专业技术人才 3 200 多人，拥有《药品生产质量管理规范》（GMP）认证企业 103 家，《药品经营质量管理规范》（GSP）认证企业 64 家，有生产批号的中成药品种 510 个，中药饮片年生产能力近 10 万吨。2017 年，中药材市场交易额达 310 亿元，中药材专业市场拥有坐商门店 1 100 多家，经营品种 3 000 余个，日客流量 3 万余人，日吞吐中药材 1 000 多吨，经营辐射全国各地和东南亚、日韩及欧美等 40 多个国家和地区，安国药市历来被称为中药材交易价格晴雨表。"举步可得天下药"是安国中药材交易市场的真实写照。

作为连接上游药农、药商和下游用户的关键枢纽，安国药市所面临的中药材质量问题尤为突出。一方面是中药材质量参差不齐，即使是从事中药鉴定工作的专业人员，有时也难以准确界定中药材的品质。另一方面是假劣中药材泛滥，防不胜防。除了对中药材进行染色、人为增重、掺杂使假等惯常手段以外，还有不法药商利用地区习惯用药鱼目混珠，生产假劣中药材。地区习惯用药是在某些地区由于历史使用习惯而存在的，和《中华人民共和国药典》(简称《药典》) 规定的正品使用相同的名称，但实际上指代与正品不同的中药材。例如，《药典》规定山药应该是薯蓣科植物薯蓣的干燥根茎，但在湖南、广西等多个省份，山药却是薯蓣科植物参薯的干燥根茎。由于当时《药典》收载的中药材有近三分之一的品种存在地区习惯用药情况，这给假劣中药材的混入制造了很多的机会。

此外，安国药市作为传统线下中药材交易市场，存在着价格信息、交易信息、质量信息不透明的问题，这也扰乱了中药材交易秩序。这主要体现在两个方面：首先就是炒作中药材价格，囤积居奇现象时有发生。由于中药材种植有地域性，部分游资常常在一个地区买断某个品种的药材，囤积一定的时间，待这种药材因短缺而价格上扬时，高价卖出，获取高额利润。冬虫夏草等名贵中药材就常常以这样的方式被炒作。比如，2004 年前后每千克 2.5 万左右的冬虫夏草，一直被炒到 2012 年的每千克 20 多万元，七八年间涨了10 倍多。再比如，2009 年时每千克不到 60 元的中药材三七，短短三年内被炒到每千克 600 多元，价格涨幅同样达到了 10 倍多！其次，某些不法商户"挂羊头卖狗肉"，为逃避监管进行"地下交易"和"场外交易"。他们可能在交易大厅的摊位上摆放真药，但在大厅外的库房里存储、出售的却是大宗假药[1]。中药材质量问题的触目惊心以及中药材交易秩序的混乱，迫使中药材交易市场的监管者和经营者有所行动。

2013年，天士力与河北省保定市、安国市政府签订合作协议，开启了建设安国数字中药都的进程。数字中药都以打造"数字化专业化服务平台领导品牌、国内先进的产业互联网生态、安国中药材和中医药文化走出去的重要载体"为定位，以"数字化、规范化、标准化、品牌化、资本化"为抓手，建设"交易与信息、检验检测、质量追溯、仓储物流、综合服务"业务能力，构建集种植、加工、仓储、交易、检测、追溯、监管、服务于一体的数字化产业平台。作为安国数字中药都的初步建设成果，天士力于2016年推出了数字本草公共服务平台，完成了将安国市传统中药材交易市场从线下搬到线上的工作。该平台是将中药材电子交易、中药材第三方检测和中药材产品溯源三大核心业务进行融合贯通并提供诚信认证、金融服务和交易仲裁等增值服务的中药材电子商务交易系统，目标是使得在平台上交易的所有中药材品种都能实现"在线交易、在线质量检测验证和在线产品溯源"的一站式功能，从而实现全产业链的资源整合，保障全程质量控制，实现流通过程可视化、透明化[2]。

---

① 富子梅.问诊中药材市场乱象.人民日报，2012-07-12（13）.
② 安国数字中药都官网。

其中，数字本草电商平台（网址 www.shuzibencao.com, 首页如图 3-4 所示）是中药材线上交易的主要场所。平台用户在注册时，均要求进行包括手机认证、身份证认证、银行卡认证、企业信息认证、信誉认证、交易规模认证等一系列认证在内的资质查验工作，来确保中药材交易主体的真实可靠。商家发布中药材产品时，必须先详细填写中药材规格、产地、库存地、生产年份、加工方法、包装规格、灰度、杂质含量等一系列信息，并提供中药材实物照片甚至质量检测报告或流通追溯报告，再经过数字本草电商平台运营人员严格审核后才能上架销售，从而保障所售中药材产品的质量。中药材的线上交易安全则是由第三方运营模式来保障。买家资金不是直接支付给卖家，而是先付给数字本草电商平台，待买家收到货，确认无误后货款才会打给卖家。

图 3-4 数字本草电商平台首页

　　为顺应国家发展基层中医诊疗的方向，数字本草电商平台正在开发连接全国基层中医诊疗机构的S2B2C中药饮片垂直平台化电商，提供"电商物流分拣、基层终端开发、药政风险控制、中医个性化供应"服务，实现资金流、商品流、质量控制闭环，产业互联网信息贯穿，推出中医技术交流社群。

　　虽然数字本草电商平台利用电子商务技术对传统中药材交易模式进行了一次升级改造，为规范中药材交易秩序打下了坚实的基础，但真正治理中药材质量问题的却是数字本草检测中心（www.szbcjy.cn/）。它以质量数字化为方向，建设集检验检测、生产联动、行业监管、科学研究、标准修订、技术服务于一体的质量控制服务体系。无论中药材前期如何种植加工，也无论流通过程中是否掺杂假冒伪劣药材，依据《药典》刊载的中药材质量标准进行检测永远是对中药材质量的最准确鉴定。数字本草检测中心就是做这样的工作，它可以提供覆盖《药典》第一部全部检验品种有关性状、物理参数、理化指标、含量测定、农药残留、重金属、黄曲霉毒素、微生物、中药材DNA分子鉴定等的鉴定服务[①]。中国计量认证（CMA）、中国合格评定国家认可委员会（CNAS）认证能力覆盖药品、食品、农产品、环境领域1 000余项，服务国内第二大综合市场（河北省安国市）和国内第一大产地市场（甘肃省定西市）、国内第二大产地市场（云南省文山市），是国内中药饮片领域规模最大的检测平台。

----

　　① 数字本草检测中心官网。

为实现安国中药材产业链检验检测"全覆盖",降低中药材产业链从业群体运营成本,安国市政府持续实施中药材(《药典》品种)检验检测项目,面向整个中药材产业链由政府提供免费检测服务。同时,为降低饮片制造企业投资和运营成本,提升中药材行业质量水平,增强饮片企业市场营销能力和降低药政风险,数字本草检测中心申请成为饮片企业质控指定集中委托检测试点单位。预计2021年底,数字本草检测中心将完成57 419批次的中药材检测,成为国内药材检测数据积累量最大的机构。这将为联合国内外权威机构实施中药材产业链技术研究,协同国家重点实验室共建中药材质量检验检测联盟,发布联合科研联动计划,研发进出口中药材大品种形成国际互认的标准和国家中药材标准体系提供坚实的基础。

数字本草公共服务平台的三大核心业务模块的前两项中药材电子交易与中药材第三方检测已经初具规模,第三大模块中药材产品溯源承担了国家商务部中药材流通追溯平台运维以及国家工信部中药材供应保障公共服务能力建设项目的追溯体系,自行开发建设中药材数字化种植追溯系统,而其他模块追溯系统仍在建设中。目前,数字本草电商平台上有部分安国本地药商提供了中药材产品的追溯码及批次码。虽然目前尚未能通过该追溯码查询到中药材具体的生产流通相关信息,但后续的信息展示功能仍正在进展当中。数字本草公共服务平台三大核心业务的基础是集中化、规模化、产地与综合市场一体化的供应链服务体系,提供"仓储物流、供应链金融、代储代销和异地药材兑换交易"服务。该平台已启动仓储物流及初加工系统建设,建成后将具备86万立方米库容,60.41万吨、

211.43 亿现货储存，年周转 540 亿的供应服务能力。

就目前来看，中药材市场已逐步从产地与市场分离向全国一体化联动发展转变，从市场与服务配套、产业集群分离向以市场为枢纽的一、二、三产业融合模式转变，天士力作为保障中药材质量的先行者，做出了有益的尝试。它紧紧抓住中药材批发市场这一关键环节，通过打造数字本草电商平台，将传统中药材交易市场从线下搬到了线上，使得中药材价格信息和交易信息公开透明，稳定了中药材市场交易秩序，同时利用平台的检测中心对中药材进行第三方检测来保障中药材质量，并进一步尝试围绕平台建立中药材追溯体系，来使得平台所登记的中药材"来源可知、去向可追、质量可查、责任可究"。

我们认为，这种以中药材电商平台为主体、以第三方检测服务和追溯体系为辅助的中药材质量问题解决思路是切实可行的，确实可以使得中药材交易市场秩序得到极大改善，并且保障该市场内中药材的质量。首先是通过供应链服务体系，政府检验检测项目的实施可使商户进入仓储环节的药材得到免费检验，解决供应商药材质量鉴定问题，收窄中药企业和饮片企业采购范围，降低采购商检验成本；代储代销使库存现货直达生产企业，解决供应商销售利润偏低、销售渠道窄的问题；规模化现货和多家供应商供货可以满足中成药企业和饮片企业现货验货、多头比价的要求，减少或解决原料库存问题；综合性仓储服务有助于解决供应商仓储"租、管、卸、养、装、换、发、安全"等问题；金融服务可以缓解供应商资金周转压力，提供合同销售组织营销服务，满足上下游经营资质需求。其次是通过质量保障服务体系，承接检验检测全覆盖项目，覆盖市场、仓储和饮片生产，积累市场、仓储、生产质量数据，为质量标准和流通规范开发提供数据基础，助推政府提高监管能力。托管饮片企业质控也可以降低饮片企业投资成本和运行成本。再次是通过饮片电商服务体系，通过电商物流分析系统统一物流出口；政府检验检测全覆盖，监管机构检验报告随行，统一质控出口；合伙人模式开发全国基层医疗终端，提高药政风险控制能力；平台型电商实现厂端直联，扩展饮片企业销售能力；大容量供应商和海量品规有助于对比质量和价格，满足医疗终端"控费、比价、保质、高效"需求；用饮片订单倒逼饮片企业药材采购订单，平台获得生存能力。最后是通过产业互联网服务体系，开发 ERP、TMS、WMS、OMS 系统，提升饮片企业管理效率；构建上游种植社群、中游供应链社群和下游医疗技术交流社群，加强平台对上下游需求的挖掘；通过产业互联网采集关键信息，集成质量追溯体系，提供信息讯息服务；搭建大数据中心，发布质量、价格指数。

同时，目前这种解决思路存在以下提升空间：首先，提高检测结果独立性可以进一步加强客户的信心。目前各检测中心是天士力和各级政府部门合建的第三方服务机构，尽管各检测机构严谨、认真、客观地出具检测报告，但具有中药材电商平台背景的检测中心难免会让客户心有疑虑，从而影响客户对检测报告的信任。其次，虽然中药材追溯体系目前仍在建设当中，但中药材追溯的各个环节信息记录是否客观准确仍是关系到追溯质量和效果的重要议题，非常值得关注。

我们认为，可以基于区块链技术建立一套中药材质量追溯系统。中药材电商平台和检测机构作为该套系统上的两个独立节点存在，分别将与中药材质量相关的交易信息和质量鉴定信息记录在该追溯系统中。其他节点还包括中药种植加工过程记录系统，发挥着记录中药材产地、采摘时令、炮制加工过程等关键信息的作用。区块链网络中任何有需要的个人或组织都可以通过该系统实时获知中药材质量信息。

这样做有如下几个好处：首先，区块链技术的去中心化优势可以从技术上保证中药材电商平台和检测机构之间不存在利益瓜葛，确保了检测机构所出具报告的客观可信；其次，区块链技术的信息共享特性，可以让区块链网络中供应链所有参与方都能获得检测机构鉴定结果，一次鉴定多次使用，从而极大地降低重复检测成本；最后，区块链所具有的不可篡改技术特征使得每个记录节点的信息客观真实，保证信息的客观性。中药材种植加工过程的信息记录起到尤为重要的作用。中药材实际产在哪里就是哪里，采摘时令是什么就是什么，炮制加工方式如何就是如何，任何想在后续流通过程中改头换面的行为都会在区块链技术面前显得无力。这还会带来一个附加的益处：种植加工过程明确的中药材产品在交易时就已经有了足够的背书，甚至可以不需要专门进行鉴定就能放心交易，将极大地简化交易过程，降低交易成本。

当然，我们对建设中药材质量区块链追溯系统的设想仍存在一些问题，值得深思。首先是"谁是建设主体"的问题。建设中药材质量区块链追溯系统是一项带有公益性质的事业，完全交给市场就会导致公众对其客观中立性的质疑。我们认为，中药材质量区块链追溯系统的建设主体应当是具有公信力、影响力的中立主体，比如国家药监部门、地方政府等。确定建设主体的关键在于要保证该主体能独立于中药材电商平台以及中药材检测服务提供商，坚决避免"既当运动员，又当裁判"的情形。在实际操作中，政府部门可以集结天士力等涉足中药领域多年的企业和社会各方的力量，充分利用现有追溯系统及建设经验，适当调整，用区块链的逻辑和技术打造更加客观高效的中药材质量追溯系统。

其次是建设成本问题。我们认为，建设中药材质量区块链追溯系统在成本方面面临最大的问题是可能导致追溯系统设计开发环节和推广环节的重复建设。无论采用何种追溯系统，都会有系统设计开发成本、信息采集设备成本、推广成本等。其中，无论是否采用区块链技术作为追溯系统的底层架构，信息采集设备成本几乎是相同的，即使需要针对不同系统对所采集的数据信息格式进行微调也不是难事。应用不同的追溯底层架构，最大问题在于需要重新进行追溯系统设计开发和推广。目前国家已经自上而下地在筹建中药材质量追溯体系，但未必考虑应用区块链技术作为追溯系统的底层架构。如果此时推广中药材质量区块链追溯系统，可能与现有规划设计有所冲突。这是推广中药材质量区块链追溯系统面临的最大困难。但是，此时推广中药材质量区块链追溯系统也面临着重大的机遇。由于建设中药材质量区块链追溯体系是最近几年启动的项目，所规划的信息系统设计开发仍未完善，推广应用也处在开拓期，此时考虑将区块链技术作为底层架构，一切还来得及，不会造成严重的重复建设问题。而区块链技术具有的去中心化、不可篡改的技术优越性是其他追溯手段不可比拟的。

最后是技术实施问题，即如何保证中药种植加工过程中数据采集的客观性。首先，我们要认识到，只要获得中药材流通信息以及对应的中药材质量检测结果信息，那么该中药材质量区块链追溯系统就能实现对中药材质量的有效监管。中药材种植加工过程数据记录工作与中药材质量检测存在互补乃至替代的关系。即使种植加工过程数据记录不完善，也不会对中药材质量区块链追溯系统的有效性造成根本影响。但是，如果种植加工过程数据记录完善、客观，那么将会对中药材质量区块链追溯系统产生更有益的补充，极致情形下可以取代中药材质量检测工作。基于这样的认识，我们才可以探讨应该如何保证中药材种植加工过程数据采集的客观性。我们认为，中药材种植加工过程信息采集面临的最大的问题是人为因素参与过多，只有剔除人为因素的干扰，才能保障信息记录的客观性。而这需要经过三个步骤：种植过程标准化、关键指标信息化、数据采集自动化。目前，中药材种植过程标准化工作已经在大规模开展，并取得了一些建设成果，但后两步关键指标信息化与数据采集自动化仍有很长的路要走。只有当中药材种植加工信息能全面、自动地采集上链，才能真正实现中药材种植加工过程数据采集的客观性。

本章总结

　　本章基于药品行业供应链的特征及其在溯源中面临的挑战，并结合区块链技术的特征及其优势，分析了区块链技术在药品行业供应链溯源中的潜在应用场景和价值。随后，在简要介绍国外企业就药品行业供应链溯源对区块链技术探索应用的基础上，以京东数科在疫苗管理中的区块链追溯应用为例，具体阐述了"智能设备＋区块链"的解决方案以及落地实施情况。最后，基于天士力控股集团中药材质量管理中的痛点，及其现行的数字本草电商平台对解决相关痛点的有效性及不足，针对其如何利用区块链技术来解决中药材种植加工和流通等过程中的管理痛点提出了设想。

第四章
区块链在供应链金融中的应用

供应链金融创新了传统信贷商业模式基于企业的财务实力、还款来源和抵押担保条件的服务视角，将服务与风控的焦点定位在企业所处的供应链整体，在权衡供应链整体的竞争力、交易的稳定性与盈利性、交易闭环的可控性的基础上做出信贷决策。

本章将通过理论论述和案例分析介绍区块链技术在供应链金融业务中的三方面潜在价值：首先，基于区块链的分布式账本管理方式能够实现数据共治、不可篡改和信息加密，提升供应链金融业务参与各方的信息治理能力；其次，基于区块链的智能合约技术能够实现商业契约与履约行为的同步，保证合同执行的强制性与自动性，提升供应链多方参与场景中合同参与方履约的效率；最后，基于区块链共识机制能够协调供应链金融组织者和各相关方对项目所

72

涉及的资金流、信息流和物流的资源能力互换，形成多方共治、合作共赢的跨组织运转形式。

供应链金融的概念及模式

供应链金融是针对供应链上不同企业的综合性金融服务方案，目的是帮助供应链上的企业提高资产的利用率和运作效率，其核心便是供应链融资。供应链融资是一种通过企业的供应链交易质量来确保还款来源的融资服务。实际工作中，供应链金融服务提供者往往通过对供应链及参与企业的整体评价开展综合授信，并通过评估和控制交易的自偿性、上下游关系的深度以及供应链中的信息和流程来管理风险。供应链融资突破了传统信贷，后者的典型模式是评估单个企业自身的财务实力、还款来源和抵押担保条件，在确保还款来源的前提下给予融资支持；而供应链融资将服务与风控的焦点定位在企业所处的供应链整体上，在权衡供应链整体的竞争力、交易的稳定性与盈利性、交易闭环的可控性的基础上做出信贷决策。正是得益于供应链融资这种创新的风控理念，大量中小型企业可以通过其与供应链上下游交易伙伴长期、稳定、盈利、可知、可控的交易在金融服务提供者的评级体系中获得合理的等级评定，能以更低门槛、更低成本更便捷地获得供应链金融服务，突破性地解决传统融资服务模式下中小企业融资难、融资贵的问题。

如图 4-1 所示，供应链融资有三大基本业务模式：预付类融资、存货类融资和应收类融资。三大业务模式旨在解决供应链交易不同环节中的资金短缺问题。预付类融资一般在买方向卖方下采购订单时开展，融资资金往往被要求定向地支持卖方为完成订单所需的原材料采购、生产等活动。存货类融资以货物为质押标的而展开，故发生在卖方实现订单货物生产，且货物入库之后。存货类融资往往以货物的价值和货物实际所有者的提货意愿作为风控的基础，为货物的实际所有者提供流动性支持。随着交易的继续进行，第三个资金缺口来自卖方交货之后，在买方确认了应收账款的情况下，持有商业票据的卖方可以向资金提供者申请应收类融资。应收类融资基于交易已经实现的事实，资金提供者通过判断买方的支付能力和意愿给卖方提供资金。

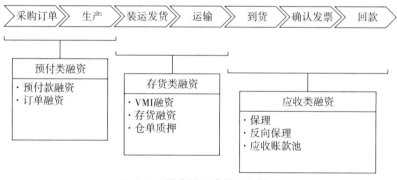

图4-1 供应链融资的业务模式

在当前供应链运营模式下，处于强势地位的核心企业往往会通过延长对上游中小型供应商的付款天数或要求下游中小型经销商、客户企业预付货款的方式来降低自身的财务成本，将资金压力转移给供应链上下游中小企业，导致供应链中处于弱势地位的中小企业面临着严重的资金短缺问题。

　　如图 4-2 所示，以中小型制造商为例，制造商在采购阶段初期支出资金，在销售阶段后期收回资金，资金的支出和收入发生在不同的时刻，导致了制造商在运营过程中容易出现资金周转困难的局面。在采购阶段初期预付货款的时间点越提前、金额越大，原本流动资金就不足的制造商产生的资金缺口越大。此时，制造商往往需要申请预付类融资，借助预付类供应链融资服务使得"支出"的时间点尽量向后延迟，缓解资金压力，维持正常的原材料供应。制造商的应收账款周期越长、金额越大，在生产运营过程中所面临的资金约束越大。此时，制造商往往需要申请应收类融资，借助应收类供应链融资服务使得"收入"的时间点尽量提前，保证生产运营的稳定持续。当然，如果制造商处于生产周期长的行业，各种类型的存货（如：原材料、半成品、产成品）占流动资产的比例很高，制造商往往需要申请存货类融资，借助存货类供应链融资服务释放被存货占用的流动资金，规避资金缺口的出现。

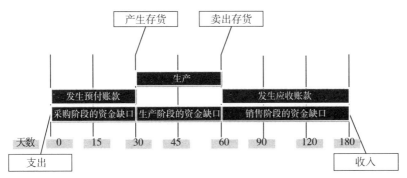

图 4-2　供应链中小企业资金缺口产生示例

可见，供应链融资服务"面向中小企业的供应链交易资金需求"（见图 4-1、图 4-2），其融资基础是供应链中小企业在生产运营中所产生的各种形式的流动资产（如：预付账款、存货、应收账款），并以企业交易行为所产生的确定未来现金流为直接还款来源。

供应链金融面临的挑战

在如今企业纷纷实施服务创新和业务转型升级的大背景下，供应链管理信息化和风控技术的滞后制约了供应链金融的有效开展。从产业价值链整合的角度来看，传统制造业产供销集成管理是理顺订单驱动的商流、物流与信息流及工作流的集成与协同，但金融活动的协同是此前欠考虑的。而作为商品流的价值实现，支付结算、融资及相应的信贷管控是供应链流程管理不可或缺的一部分。

作为组织供应链金融服务的前提，产业中不同企业需要通过内外部的合作与协同来实现供应链中不同要素的互通。供应链金融组织者则需要控制特定要素流通过程中的制造、留存和传递信息，以实现风险的可控。日常经营过程中，企业在供应链不同环节组织不同部门产生信息的能力和程度对其参与组织和创新供应链金融服务的能力的发展意义重大。

行业中只实现了职能部门内部信息化的企业，因自身无法对内部不同部门在运营管理活动中所产生的信息实现有效的控制，只能组织部分基本的供应链金融业务，且参与供应链金融创新的能力较弱。具有综合集成不同职能部门之间信息的能力的企业，则具备对企业内部运营管理活动中的物流、资金流和信息流的控制能力。这类企业组织供应链金融服务的能力较强，但其本身还不具备整合外部供应链各环节信息的能力，无法对供应链金融服务进行全流程控制。

从以上内容可知，供应链流程的信息化整合能力是企业从供应链单环节控制到实现全流程控制的关键，也是供应链金融创新发展并服务更多产业企业的基础。就中国产业发展的现状来讲，大部分企业的供应链信息化整合能力依然较弱，这给供应链金融服务的深入和推广造成了阻碍，也对那些原本在产业中嵌入程度较低的供应链金融组织者提出了更高的要求。通过对不同行业内相关业务的探访和分析，笔者发现当前在供应链金融服务组织中存在几个关键问题亟须解决：

（1）供应链各方对信息安全的管理能力有限。

信息安全包含信息完整性、保密性以及可用性等。在网络环境中，信息往往会面临不同类型的安全威胁。比如，没有登录权限的用户可能通过输入账号等信息的方式冒充原有的用户进行操作，并窃取系统中的信息；数据在传输过程中被非法截取并被恶意篡改；系统认定和识别的通信方在事后不承认数据的真实性等。这些可能的安全威胁会相互作用，并最终使得特定应用场景中信息的利用价值大大下降。

针对互联网时代的信息安全和信息保密问题，相关部门已经出台了多项法律法规来进行约束和管理。比如2012年底全国人民代表大会常务委员会通过的《关于加强网络信息保护的决定》，从法律层面明确了互联网时代个人信息保护的概念范畴、规范主体、责任主体、实名注册、公民权利、行政主体、侵权责任等；2013年工信部出台的《电信和互联网用户个人信息保护规定》，对信息的范围、收集和使用规则、安全保障措施、监督检查、法律责任等进行了一系列的规定。

对于供应链金融而言，物联网和大数据技术的广泛应用让供应链当中的物流和信息流相互联系，实现高度智能化、便捷化、定制化，并催生智慧金融。供应链金融的组织者可以从更多的来源获取供应链信息，不再完全依赖于借款企业提供的信息。信息数据驱动已经是不可逆转的发展趋势。以物联网的应用为例，它使得原本由人驱动的信息流转方式变成由人和物同时驱动。供应链金融信贷资金注入供应链所产生的每一阶段的供应链要素变化都能够被不同的监控仪器采集并用于风险评估。这项技术进步会带来海量数据，也会给数据在流转过程中的安全和保密工作带来更大的挑战。

事实上，供应链金融中的数据和信息安全管理规则与传统互联网数据安全管理规则不尽相同。数据需要对不同的企业有不同的开放范围，这样才能在保证参与主体信息安全的同时最大化信息流的利用价值。数据分享需要有明确的保护机制、保护范围和保护边界，如运营和交易过程中的哪些数据记录可以作为公开资料或者经授权可以公开、数据的合法使用者权限和使用期限应该如何制定等。如果对前述问题没有清晰的规则和界定，就可能会产生信息安全和保密方面的问题或纠纷，甚至引发系统性、社会性的风险。

目前，中国在互联网信息的安全和保密方面已建立了较为完备的法律制度，但多组织协同的商业模式中的信息安全和保密制度却比较分散，甚至缺失。基于供应链金融的特性和发展的趋势，信息的安全性以及保密性方面的问题是必须重点解决的。

（2）数据信息使用过程中的真实性无法验证。

供应链活动会产生大量的信息数据，再由服务组织者建立起一个不同于传统的信用体系。银行依赖信息采集和共享等途径获得的数据信息可作为进行风险控制的决策依据或参考。但因为目前信息化技术的运用与供应链金融领域的法律制度相脱节，信息在储存和流转过程中的真实性难以保证，银行若是依赖技术手段采集数据，并以此作为决策依据所产生的纠纷无法得到法律保护，则存在一定的不确定性。

中国现行的《民事诉讼法》规定，有效的证据包括电子数据。电子数据证据具有高技术性、精确性的特点，相较于书证、证言等在存储、传输过程中发生错误的概率较小。但电子数据证据存在致命的缺陷，即易篡改、易复制、易破坏及易丢失。在实际中，我们也看到供应链商流中出现虚假的交易数据、电子合同和电子证据，并已经对组织者造成了严重的损失。

物流信息方面，物联网技术的运用使得供应链金融组织者能够进行高效的物流跟踪，但是在使用采集到的传感器数据进行信贷决策前必须高度关注这些数据的真实性问题。如果没有多组织间数据的整合和相互印证，信息数据就可能存在被篡改的风险。一旦业务执行过程中发生争议或纠纷，可能会出现范围更广、更为复杂的法律和监管问题。

（3）合同履行行为的不确定性。

合同的履行，是指合同的当事人按照合同约定的标的及其质量、数量，合同约定的履行期限、履行地点、适当的履行方式，全面完成合同义务。在供应链金融中，不同的供应链相关方能否按照既定的规则履行自身的义务是供应链金融组织者在评估风险时需要考虑的重要因素。

以应收类融资模式为例，下游零售商作为账款的债务人如果没有按照合同要求按时、按量支付采购货款，贷款就会有逾期的风险。在没有下游零售商提供支付保证的前提下，融资活动发生在上游供应商和出资方之间，出资方将直接要求供应商清偿逾期贷款，从而给供应商造成更大的现金流压力。

合同履行中的类似不确定性会带来一系列连锁反应，并影响供应链金融业务的顺利开展。尤其是在民营企业较多的产业中，我们依然可以看到诸如法律意识淡薄、履约原则不规范、企业管理人员素质不高、标准化管理缺乏等带来的合同管理问题。这些问题降低了交易各方的履约能力并长期困扰着行业的发展。

（4）核心企业参与供应链金融活动的动力不足。

随着传统行业中的企业进一步涉足供应链金融领域，企业对外部组织资源和社会资源等方面的依赖性越来越高。与企业内部组织条件不同的是，外部组织受到更多因素的影响，包括行业监管、多方信息化共享、数据信息管控等。面对着如此多不可控的影响因素，核心企业参与供应链金融活动的收益依然没有一个合理的衡量标准。在多数情况下，核心企业与银行合作组织供应链金融的主要动因往往是政策刺激或企业管理层的经营理念，而非提升经济效益。特别是在大多数新兴经济体中，核心企业往往将其供应商和经销商作为自身资金流管理和流动性压力缓释的工具，供应链资金流管理的理念依然没有被广泛接受。

对于制造型企业来说，将生产、经营流程与金融服务相结合能够有效地提高其供应链内资金运转的效率，加速闭环的形成。供应链金融服务对供应链上下游的中小企业集群解决其短期的资金短缺问题的重要性更是凸显。传统的供应链金融往往以银行为核心组织者，而在供应链金融不断发展的今天，产业链内的一些重要参与方（如核心企业、物流公司、交易平台等）均可以利用其在产业中的上下游关系、物流信息、交易信息等优势资源使自身成为供应链金融组织者。与银行或其他金融机构作为组织者的供应链金融相比，首先，供应链上的参与方对自身所处行业更加了解，对商流、资金流和信息流的控制力更强，以其作为组织者的供应链金融在供应链交易活动中的控制力更强。其次，因核心企业在产业中跨供应链的影响力，其组织供应链金融所形成的供应链流程整合和信息化能力与银行相比能够更为显著地提升产业整体效率。

故而，一个能够直接使各方受益，特别是激励核心企业积极参与供应链金融活动的服务协同模式，将能够促使整个产业综合能力的跃升。

区块链在供应链金融中的应用价值

针对供应链金融所面临的上述挑战，区块链技术在供应链金融中的应用价值主要体现在以下三大方面：

（1）信息治理能力的提升。

前文提到，供应链金融对信息安全管理以及数据信息真实性验证都提出了新的挑战。供应链金融的一般场景涉及核心企业、核心企业的上下游等多种主体，又涉及企业间的合同、交易、资金流等多个环节，如何组织、记录、传输这些信息会直接影响供应链金融业务及风控的开展。

传统的信息治理依赖于各个企业的企业资源计划（enterprise resource planning，ERP）系统，一般基于传统的集中式数据库与加密技术。各个主体都将自己的业务、财务数据集中储存在自己的数据库中，在需要和其他主体交换数据时再将数据传输给对方。

如果数据的应用范围仅限于数据所有者本身，那么这种方式还是比较有效的。但是，如果数据要在不同的主体间共同使用，这种方式就具有几个潜在的风险。第一，数据的录入、管理均是由各个不同的主体独立完成，每一方都对自己数据库中的数据拥有控制权，外界无法在技术上监督、干预数据的录入和管理过程。第二，不同主体间的数据储存是孤立的，必须通过额外的比对验证过程才能保证储存数据的一致性，而且这个验证的过程往往严重滞后于数据产生的时间。第三，一旦加密被破译或密码被有不良企图的人获得，数据就完全暴露在风险之下。在跨主体场景下，这些传统信息治理问题也为在现实中开展供应链金融业务带来了困扰，诸如银行与核心企业之间无法建立信任、贸易背景验真面临挑战等。

区块链技术相对于传统数据信息管理方式的主要优势就体现在跨主体的数据应用上。第一，数据是由链上的各方共同参与管理和维护的，实现了数据在各个主体间的一致性，并且这种一致性没有时滞。第二，数据的录入与更新均会产生记录并在所有的主体间共享，只可新增，不可删除。第三，分布式账本技术使得没有任何一方可以独立控制数据，在储存结构上实现了数据的不可篡改，而不是完全依赖于加密技术。

区块链技术的这些特性在很大程度上降低了传统数据信息管理方式在多方应用场景下的潜在风险，在数据治理层面提高了安全性与管理效率。在此基础上，区块链技术的采用也有利于构建一种有效的多方信息治理机制，让参与信息治理的多个主体对信息的记录、储存、传输达成共识。对于需要依赖核心企业与上下游的交易、资金流转等跨主体信息进行授信的供应链金融而言，区块链技术所构建的这种机制极大地提高了数据的可信度、可用性与时效性，在数据使用层面为组织供应链金融创造了一个风险更低、效率更高的信息环境。

（2）合同履行效率的提升。

智能合约是计算机科学家尼克·萨博（Nick Szabo）在20世纪90年代提出的概念，指的是一套以数字形式定义的承诺，包括合约参与方执行这些承诺的协议。智能合约最大的特点在于，当约定的条件被触发时，智能合约上所规定的条款将被自动执行。然而，在智能合约被提出后的很长时间里，一直缺乏符合要求的技术实施手段，使得它一直停留在理论概念的阶段。区块链的出现使得在技术上实施智能合约成为可能。过程透明可跟踪、分布式记账、共同维护、无法篡改这些特性为实施智能合约构建了理想的工作环境。

区块链技术赋能的智能合约能够为供应链金融带来进一步的积极影响。金融业务本身涉及合同的履行，合同的履行本身就具有不确定性，而供应链金融多方参与并建立在原有供需交易基础上的特性又为履行合同增加了不确定性。在使用传统合同的场景下，存在合同参与方主观恶意不履行合同的可能性，这增加了供应链金融贷后风控的难度与成本。智能合约的引入使得合同的执行具有强制性与自动性，在条件满足的情况下，任何一方主体都不能擅自拒绝或改变事先约定的责任的履行（比如到期还款）。也就是说，区块链通过智能合约进一步强化了供应链金融所需要的执行环境，降低了风控难度。

（3）激励供应链多方企业的参与。

共识机制就是保证相关方达成共识的一种算法。共识机制使得系统能够通过算法让各节点按照既定的规则同步数据，这样就算单个节点出错也不会影响全局。作为区块链的核心架构，共识机制的搭建是保障区块链系统长期稳定运行的前提条件。从现有的区块链运用架构来分析，常见的完全去中心化的共识机制主要有工作量证明机制和权益证明机制。

区块链之所以在比特币等场景下能够持续稳定运行，基于共识机制的激励机制在其中发挥着重要的作用。因为共识机制的存在，每个节点都愿意在区块链的记账过程中贡献自己的资源和能力，并以此获得相应的收益。推广至供应链金融场景，供应链金融组织者若能够基于一套工作机制来组织各相关方对项目所涉及的资金流、信息流和物流进行管理，那么这些相关方的工作和资源投入将能够被证明且记录下来，且可在一定的前提下换取其他的资源。当供应链以一种多方共治、合作共赢的组织形式运转时，不同参与方间的摩擦、冲突和潜在风险都会进一步降低。更多的企业愿意参与到供应链金融业务当中，并在其中扮演重要的角色。那么，供应链金融整体的组织便会更加顺畅。

区块链在供应链金融中的应用案例一：壹诺平台

背景

布比是一家专注于区块链技术研发与商业应用的科技公司，创始团队来自中国科学院，早在 2012 年 10 月就开始从事区块链技术研究。2015 年 3 月，布比（北京）网络技术有限公司（以下简称"布比"）正式成立，同年 12 月促成国内首个区块链商业落地。2016 年 8 月，布比创始团队在深圳设立了子公司——布诺（深圳）科技有限公司（以下简称"布诺"），专注于供应链金融平台的开发与运营。该公司作为布比自有供应链金融解决方案的开发主体，在 2017 年 5 月成功发布了基于区块链技术的金融平台——壹诺"区块链+供应链金融"服务平台（以下简称"壹诺平台"）。

此前，布比曾经对区块链技术的商业应用进行了一系列广泛的尝试，包括在数字资产、产品溯源、公示公证等领域的探索。2016年壹诺平台的发布与运营标志着布比正式开始了对区块链在供应链金融领域的应用探索。团队在分析了供应链金融业务的现状后，梳理出了四个主要问题，包括：在传统场景下难以搭建与商流、资金流、物流统一的信息流；核心企业的信用无法随需跨级传递；业务场景单一并具有地域限制；支付结算不能自动化完成。布比区块链团队希望可以借助区块链的技术优势针对这些主要问题有所突破。

壹诺平台技术架构

壹诺平台是布比在拥有自主知识产权的区块链技术基础上研发出的商业化产品。平台借助核心企业信用为各参与方提供资产管理、在线融资、资金管理等功能性服务。在满足场景化需求的前提下，布比将区块链技术应用于解决传统供应链金融业务中的贸易信息验真、应收账款确权等问题，在当前产业逐渐碎片化的经济环境中，有效提升了供应链金融的资金流转效能。其功能架构如图4-3所示。

壹诺平台的主要功能包括：

（1）实名验证：基于中国金融认证中心（China Financial Certi-fication Authority，CFCA）证书及验签服务，提供包括企业资质认证、企业身份认证、银行账户匹配认证等功能。

（2）资产管理：支持核心企业在系统中实现对应收账款金融资产的登记、拆分、流转，未来亦将支持订单、仓单、预付款等资产的登记上链及电子化。

（3）在线融资：支持中小型供应商基于电子化金融资产开展线上融资（凭证拆转融）。

（4）资金管控：对实体账户资金往来信息进行上链记录，并基于智能合约进行资金流转的自动化管控。

（5）账户系统管理：实现企业用户各类信息的管理及银行虚实账户的管理。

第三方金融机构依托壹诺平台，联合组成一个联盟链，基于可信任的数据和统一的交易平台，可实现整个交易的溯源。且数据的隐私性也得以保障，只有企业相互授权之后才能互相查看上链的数据，壹诺平台只提供第三方可视化管理工具，不参与交易，完全中立。

基于凭证拆转融体系的融资解决方案

壹诺平台的核心融资功能就是它的凭证拆转融解决方案。该方案利用区块链共享账本技术的特性，搭建一个可以在核心企业和上游多级供应商之间跨级传递信用的平台（见图4-4）。核心企业在平台上基于与上游供应商的应付账款签发电子凭证，供应商在收到凭证后，可以根据自身的需求对凭证采取拆分、转让给上一级供应商、提交给金融机构获得融资等操作。每一张凭证都可以根据不同层级供应商的需求拆转多次，从而实现核心企业的信用可以以凭证为载体一直流转至上游的 N 级供应商。

区块链赋能供应链

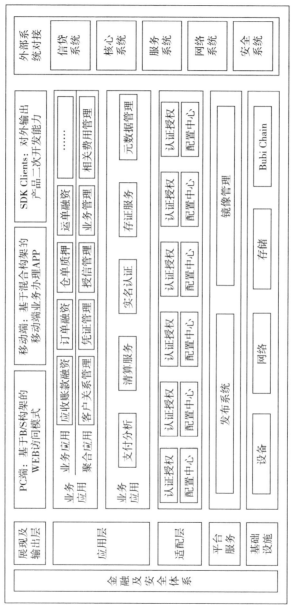

图 4-3 壹诺平台功能架构

88

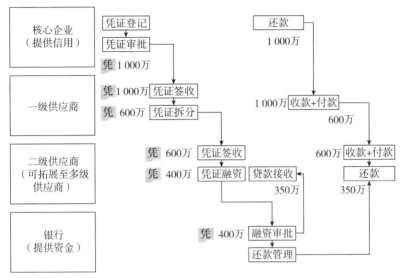

图 4-4　壹诺平台凭证拆转融业务流程

壹诺平台的凭证拆转融解决方案一方面构建了一套可以将核心企业信用传递到上游多级供应商的体系，并利用区块链技术保证核心企业与银行（资金方）共同维护交易数据，从而实现平台上各个主体对数据信息达成共识；另一方面，利用智能合约技术，对接银行账户体系，固化链条内各级贸易资金的清算路径，实现多级业务场景下的自动清算，降低违约风险。

自该产品在中国国际大数据产业博览会发布以来，壹诺平台得到了快速的部署和应用。布比也因此受到了各界的广泛关注，并与多家机构、企业开展沟通与合作。截至 2018 年 12 月，已经有 14 家金融机构，近百家核心企业和 700 余家供应商入驻平台并开展业务，总融资规模超过 70 亿元，有望构建一个更加宽泛、全业务支撑、生态系统丰富、跨区域跨业务跨系统的金融平台。

壹诺平台在某城商行落地案例

（1）落地现状。

在发布了壹诺平台后，布比于 2017 年 9 月促成了某城商行区块链供应链金融项目的落地。这个项目以该城商行的贸易融资部门为主导，布比作为第三方技术支持，依据壹诺平台的凭证拆转融体系推出供应链金融产品，服务该城商行的核心企业客户及其上游供应商。项目于 2017 年 6 月启动，9 月 30 日平台上线并完成了首笔融资业务，至 2019 年初融资总额超过 40 亿元，共计服务 90 多家核心企业、300 余家供应商。

该城商行在与布比合作之前的主要业务是向本地核心企业提供传统融资。这些核心企业的上游存在大量的供应商，并且这些供应商有着强烈的资金需求。该城商行总行也有心在满足核心企业客户需求的基础上对这些供应商开展供应链金融业务，并投入开发了应收账款质押等产品，但是一直不顺利。经分析，问题主要体现在以下几方面：

第一，核心企业对供应链金融业务的参与感弱，银行与核心企业之间缺乏可以简单高效地构建信任的方法，核心企业不愿意配合银行，从而导致针对供应商的融资业务很难推进。

第二，该城商行的业务部门技术力量薄弱，无法实现数据信息共享以及商流和资金流的有效对接。在供应链金融业务层面，需要投入大量的人力、物力、财力去完成诸如确权、对账、贸易验真等人工操作。这不仅导致供应链金融业务执行效率低、成本高，也无法保证风控的质量。

第三，银行与核心企业各个部门系统对接不顺畅，各系统相对封闭，如果通过传统手段实现对接会产生高昂的成本。

在充分了解了该城商行的供应链金融业务痛点后，布比与银行相关部门团队历经了长达两个月的实施周期，发布了全新的供应链金融平台。新的平台以布比区块链作为基础技术，以凭证拆转融为主要业务模式。核心企业和银行共同接入系统，并对系统上的交易、资金等信息达成共识，相当于提前解决了交易验真问题。同时，该系统的建立使得银行的一线业务部门可以在线与核心企业完成对账等操作，极大地提高了供应链金融贷后工作的效率与准确性。除此之外，基于区块链的智能合约实现了在凭证到期日，资金可以在核心企业、各级供应商以及银行等各个主体间按照约定自动清分，在很大程度上避免了单方面贷后违约。

（2）思考与总结。

在共同推动方案落地的过程中，布比与该城商行双方也遇到了很多问题。布比是以第三方技术支持的角色参与整个合作的，同时，布比作为一家技术型创业公司，在与传统银行合作的过程中难免会产生各种碰撞与摩擦。难得的是，双方在合作中不断地磨合、学习、积累经验，这些努力保证了方案的成功落地。其中的一些典型问题以及双方的处理方案非常值得借鉴。

在产品设计层面，基于凭证拆转融体系的融资解决方案能够发挥作用的关键前提之一就是它所依托的母实子虚账户体系。在凭证到期后，通过智能合约，由核心企业向一级供应商支付凭证所关联的货款，再由一级供应商根据平台上凭证拆分的路径，将货款逐级支付给上游。在凭证拆转融体系中，这个过程被称作逐级清分。进行逐级清分需要银行系统支持母实子虚账户体系，上游各级供应商之前的清分是通过子账户完成的。在和该城商行对接后，布比遇到的第一个难题就是该城商行由于合规的限制不支持母实子虚账户体系，这也意味着原先基于凭证拆转融体系设计的清分功能，即该产品最关键的环节之一，无法完成。这个问题，是产品底层与合作用户业务要求的兼容问题，布比无法单方面解决。但是，双方关于这个问题进行了充分的分析与互动，最终在原有产品架构不变的基础上，设计出了"首尾兑付"模式，不需要借助母实子虚账户体系即可完成凭证的清分。在解决问题的过程中，布比团队的技术积累、银行团队的积极配合，以及双方在解决问题方面的一致性都起到了至关重要的作用。

方案实施的挑战不仅源于产品层面，也源于业务层面。上文的分析已经指出，核心企业参与供应链金融活动的动力不足是在产业中推广供应链金融的关键难点之一，而区块链技术的引入则会在一定程度上激发核心企业的积极性。这不仅需要区块链供应链金融在产品设计上考虑对核心企业的激励，也需要在产品方案实施的过程中有对项目主导方的激励措施。

在布比与该城商行的合作过程中，虽然布比的区块链供应链金融方案对各方都有所考虑，也就是说从产品设计的角度实现了多方共赢，但是在推广的过程中依然遇到了核心企业没有动力参与的问题和挑战。关于这一点，一方面，布比与银行共同将核心企业的参与成本降到最低，确保了核心企业仅需要进行简单的 IT 部署即可参与；另一方面，银行也在业务层面进行了多重激励，为参与的核心企业提供更优惠的利率等，真正做到从推广产品到服务客户的转变。这些努力使得该产品 9 月上线展业后，在同年年底即实现了"3 亿 +"的融资额度。

更多的挑战则发生在方案大规模上线后，产品在真实业务场景中运行会产生更多细节问题，这些问题在设计阶段是无法完全规避掉的。例如，用户密钥丢失补办与区块链系统的矛盾就是一个非常细微的例子。由于区块链的数据储存方式不同于传统的集中式数据库，导致银行的用户密钥丢失后无法正常补办。这个问题在产品上线展业后才被发现，曾经一度让双方措手不及。但是，布比和银行双方技术团队的密切协作再一次发挥了作用，最终问题得以妥善解决，并且双方也为未来规避同样的问题制定出了合理的解决方案，保证了用户体验。

布比的壹诺平台在该城商行的应用是非常典型的区块链技术与传统供应链金融业务结合的案例。在这个案例中，一方面，区块链技术所发挥的核心作用就是在跨系统、跨区域、跨主体的条件下构建有关交易与资金信息的信任体系，从而使得各方可以基于这套信任体系开展融资业务。这也是区块链技术对解决前文所提到的供应链各方信息管理能力不足的问题的主要价值。另一方面，智能合约等技术的应用进一步保证了体系内的规则在实施阶段能够得到贯彻执行，任何单一主体无法擅自改变规则，这在一定程度上也强化了这种信任体系，对强调多方协同的供应链金融业务至关重要。

布比区块链供应链金融在该城商行成功实施的背后有几个关键要点。

第一，供应链金融是一个核心企业、上下游企业、资金方等多方协作的场景，从产品设计环节到业务推广环节，都需要考虑各方的情况，特别是各个参与方的信息化程度、参与方之间的信息整合程度等。区块链是一种新的信息技术，而它能够发挥优势是基于供应链中企业原有的信息化条件。

第二，技术方要能够抓住供应链金融场景中的主导者，在布比的案例中就是银行，而在其他一些场景中则可能是核心企业等。一般情况下，天然地，技术企业对商业场景的经验及控制力有限，通过与场景中的主导者合作，可以更有效地实现供应链金融场景下的各方协同。

第三，在团队建设方面，区块链在供应链金融领域的应用既需要技术深度，又需要业务深度。在布比的案例中，作为技术企业的布比通过在深圳成立子公司的方式吸纳在相关业务领域有丰富经验的人才，并投入了大量的时间分析供应链金融业务场景，先让自己也成为供应链金融方面的"业务专家"。而作为需求方的银行，则非常重视技术团队的建设，行长甚至亲自到其他省市技术会议上了解新技术，并配备非常专业的IT团队。这样的配置保证了合作双方能够在技术层面、业务层面都有很好的协同，在遇到问题时可以高效沟通并达成共识。

第四，区块链技术的应用属于创新型合作，需要双方紧密配合，并且这种紧密的合作在产品上线后依然会持续相当长的一段时间。到目前为止，布比与这家银行的合作从开始到展业已经过去了两年多，双方的项目团队依然保持着密切的沟通，布比的项目主管依然保持着每月两次到银行所在城市跟踪产品运营情况的习惯。这也是区块链作为一种新技术与产业结合在初期必然要经历的过程。

区块链在供应链金融中的应用案例二：易见区块

背景

易见供应链管理股份有限公司（以下简称"易见股份"）的成立可以追溯到 1997 年于上海证券交易所上市、主营农产品业务的禾嘉股份。随着产业的转型升级，公司在 2015 年迎来国企的入股并向供应链转型，随后进行了一系列紧锣密鼓、具有探索精神的转型操作，包括 2016 年试水金融科技、2017 年开展区块链系统的研发等。这一系列转型奠定了易见股份在供应链金融与区块链技术融合方面的技术基础。"易见区块"平台[①]就是易见股份在供应链金融与区块链技术融合这个方向上进行探索的主要落地成果。平台不仅具备共同维护、不可篡改等区块链平台所具备的常规特性，还通过研发实现了贸易、融资多链协同和跨链溯源，以及多链数据可追溯等技术创新。

---

① 易见股份 . 2018 年年度报告 . 上海证券交易所，2019.

易见区块供应链金融模式及产品服务体系

在区块链技术的应用方面，易见股份通过区块链底层技术以及多链协同技术实现了交易方在商贸流、货物流、资金流、信息流的追溯及交叉验证，并基于这样的技术特性形成"可信数据池"来帮助供应链中有需要的企业进行融资，帮助金融机构对资产进行溯源、评估、管理。以"可信数据池"提供的数据服务为起点，易见股份的区块链解决方案将服务拓展到融资和资产证券化，并根据贸易场景中的融资需求设计了立体、多维度的服务体系。易见区块供应链金融融资模式如图 4-5 所示。

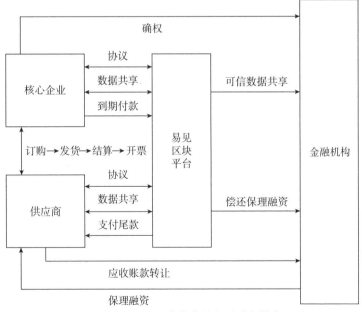

图 4-5　易见区块供应链金融融资模式

易见区块供应链资产服务平台产品服务体系的全貌如图 4-6 所示。从图中可以看出，易见区块供应链资产服务平台通过三个主要模块覆盖了从供应商 / 客户、核心企业到金融机构、投资方等一系列市场主体。

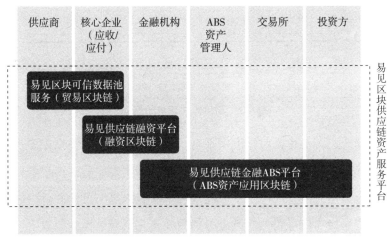

图 4-6 易见区块供应链资产服务平台的产品服务体系

模块一：易见区块可信数据池服务（见图 4-7）。可信数据池是"易见区块 2.0"推出的在数据层的服务。其基本定位是联通产业层的核心企业、上下游企业以及第三方数据。以产业中的运营与供应链为基础，利用区块链技术构建的数据平台对运营与供应链数据进行实时采集和本地加密储存，提供可追溯、真实可信的数据。在此基础上还开发了数据溯源、数据加密、访问控制等功能模块。易见区块可信数据池具有真实可信、安全可控和权属明确等特征。

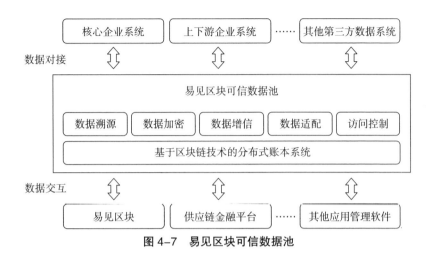

图 4-7　易见区块可信数据池

模块二：易见供应链融资平台。对货物信息的把控是很多供应链金融场景下的风控重点。特别是在过去多次发生的由于金融机构缺乏货物实时信息而产生的风险事件都反映出真实可信并且可以实时同步的货物信息对供应链金融的重要作用。在这样的背景下，易见股份在 2018 年以仓库监控为切入点，基于区块链技术进行进一步的供应链金融应用创新。在对仓库监控的场景与需求进行梳理后，易见股份的团队开始试验可信仓库（见图 4-8），并大量采用包括传感器、图像监控在内的物联网技术，对仓库中的货物与活动实施多方位的监控。通过易见可信仓库，金融机构解决了货物信息的真实性和实时性问题，堵住了例如重复质押等风控漏洞，同时货物所有者也更容易利用这样的信息获得融资。易见可信仓库在获取真实产业数据的基础上连接银行、商业保理公司等金融机构，根据金融风控的需求在保护隐私的前提下实施精准的数据授权，帮助金融机构依据数据进行授信与风险控制；同时为金融机构提供资金流监控等附加服务，进一步加强对供应链金融的赋能。易见可信仓库是易见股份以可信数据池为基础进一步拓展出的创新服务。

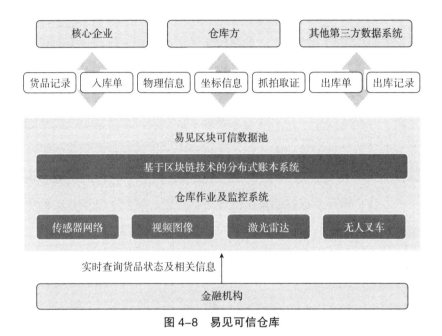

图 4-8　易见可信仓库

区块链技术解决的仅仅是数据的储存与管理问题，并不能解决数据的真实性问题。物联网技术的应用则在数据采集环节就保证了源头可信，并且通过传感器网络、视频图像分析等技术实现库存状态透明、可视，利用无线数字标签、激光雷达等技术手段真实刻画可视资产的实时状态；而采集到的数据对接易见区块可信数据池，则保证了仓库作业的过程和结果可以随时追溯、核查。

模块三：易见供应链金融资产证券化（ABS）平台（见图4-9）。在可信数据池与常规供应链金融应用的基础上，易见股份进一步发

挥区块链技术的优势，在 2018 年 9 月又迈出了重要的一步，推出
供应链金融 ABS 平台。平台以应收账款的资产证券化为主要场景，
通过区块链技术将核心企业与上下游企业间形成的应收账款进行全
流程的数据追溯与透明化，最终形成优质的资产，再通过发行机构
向潜在的投资者推广；将金融机构和以真实经营数据为基础的优质
资产与资产管理人、交易所、投资方连接起来，帮助优质金融资产
完成证券化的操作，并实现动态管理、底层资产穿透管理、循环购
买和全量资产核查等功能。在这个过程中，区块链技术保证了资产
数据的真实可信、透明可视、不可篡改，并可对资产的形成、审
核、发行、循环及成熟的整个流程进行追溯，避免了资产真实性风
险，支撑了应收账款资产证券化的信息披露与监管。

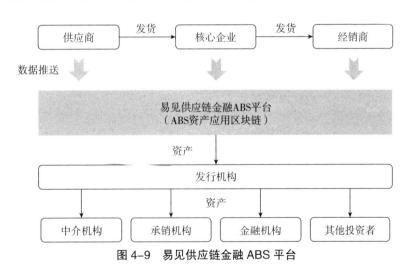

图 4-9　易见供应链金融 ABS 平台

对易见区块的反思

易见区块利用区块链技术解决了供应链金融在传统场景下的业务痛点。通过区块链技术，确保数据可信、互认流转，传递核心企业信用，防范履约风险，提高操作层面的效率，降低业务成本。其优势主要体现在以下三个方面：

第一，可信数据池和可信仓库解决了基于加密数据的交易确权问题。传统供应链往往存在信息孤岛，不少行业的核心企业和一级供应商／经销商已经具有较高的信息化水平，但链条上其他层级的中小企业的信息化程度都难以达到银行的数据标准。同时，处在同一供应链上的企业并不使用相同的企业资源计划系统，在各个企业之间信息不能完全共享，整个链条的信息传递存在障碍。通过区块链对供应链中关键信息的加密和共享，能够在不同主体之间形成一致、关联的信息传递。交易中产生的信息通过共识机制储存在区块当中，为贷前核实交易真实性提供了新的路径。在贷后阶段，银行可以作为重要的节点，对链上的授权信息进行分析和风险管理，保证贷款资金能定向投放到指定的交易当中。

第二，区块链不可篡改的特性也解决了基于存证的交易真实性证明问题。传统供应链金融下的客户履约风险往往无法得到有效控制，多级供应商进行资金结算可能存在资金挪用、恶意违约等现象。供应链金融的理想风控手段之一是从交易网络中动态实时取得各类信息，进行信息的"交叉验证"。通过区块链、物联网、互联网与供应链场景的结合，基于交易网络中实时动态取得的各类信息，多维度地印证数据，提高主体数据的可靠性，如采购数据与物

101

流数据匹配、库存数据与销售数据印证、核心企业数据与下游链条数据匹配，以减小信息不对称所造成的流程摩擦。然而，因为信息来源多样且质量不可靠，验证过程存在成本高、效率低等问题。信息交叉验证的技术至今只是在少数大型金融科技企业中得到应用，且成熟的应用场景依然有限。随着区块链平台在未来与越来越多的供应链企业对接，通过区块链对供应链中不同参与方所提供的数据进行交叉对比将成为可能。金融机构只需要成为区块链网络上的节点，便能够开发符合自己要求的交叉验证模型，减少机会主义行为（如信息造假），强化对客户履约风险的控制。

第三，供应链金融 ABS 平台解决了基于共享账本的信用拆解问题。供应链金融的目标是对中小企业融资的全面覆盖。而事实上，在传统供应链金融业务中，核心企业只与上下游企业进行信用传递，即核心企业对贸易背景的背书只能传递到与其有直接交易往来的企业。供应链其他环节企业因为无法证明贸易背景的真实性，无法证明自身的还款能力，很难获得银行融资。目前，大量的二级、三级等供应商和经销商的融资需求仍然难以得到满足。一般来说，一个核心企业的上下游会聚集成百上千家中小供应商和经销商。区块链技术可以在将核心企业的信用拆解后，通过共享账本传递给整个链条上的供应商和经销商。核心企业可在该区块链平台登记其与供应商之间的债权债务关系，并将相关记账凭证逐级传递。该记账凭证的原始债务人就是核心企业，那么在银行或保理公司的融资场景中，原本需要审核的贸易背景在平台上就能一目了然，信用传递的问题便可迎刃而解。

此外，我们也注意到易见区块所面临的一些难点。首先，在技术层面，上链数据的隐私保护问题一直是值得研究的重点问题。区块链供应链金融项目涉及交易信息、信用信息等敏感性商业信息，因此授信平台对数据隐私保护要求很高，数据存储必须有很强的防截获、防破解能力。另外，在区块链公有链中，每一个参与者都能够获得完整的数据备份，所有交易数据都是公开和透明的，在很多场景下，对于商业机构而言，账户和交易信息是重要资产和商业机密，它们不希望公开地分享给同行[①]。其次，在数据存储能力方面，由于区块链上的数据只能追加不能移除，数据只会增加不会减少。随着时间的推移，区块链对数据存储能力的要求会持续地增大，在处理企业数据时这一趋势更甚。最后，随着业务的不断扩张，对区块链平台的要求就更高，需要平台支持跨广域网环境下的多节点共识。

本章总结

供应链金融是区块链技术近年来最受关注的应用方向之一。本章所给出的案例也仅仅是个别企业在这个方向上做出的初步探索。相较于其他应用方向，供应链金融场景的一个关键特点就是多个组织、多种要素的交互与协同，其基础是供应链中企业间的业务流、现金流和物流，区块链技术必须依托供应链中的这些基础元素，结

---

① 魏凯，卿苏德，闫树，等.可信区块链推进计划.中国信息通信研究院，2018.

合合理的金融风控模型才能发挥作用。因此，区块链技术企业必须明确自身的角色和价值，即通过技术手段减少供应链中企业与资金方之间的信息不对称，使得资金方能够更高效、精准地为供应链中的企业提供融资服务。另外需要强调的是，金融是受到严格监管的商业活动，区块链技术赋能的供应链金融创新同样处于监管下，在实践过程中会受到各种法律、制度的约束，因此区块链技术在供应链金融领域的应用也是一个需要与金融制度环境相互适应的过程。

第五章

区块链在物流行业中的应用

　　本章首先简要回顾物流在供应链中的重要性，梳理中国物流行业从传统物流到数字化物流再到智慧物流的发展趋势，以及数据视角下中国物流行业面临的一些痛点。在此基础上，本章将阐述区块链对这些痛点的解决思路以及"区块链＋物流"的应用价值，并从"区块链＋物流"过程追溯、"区块链＋物流"流程改进、"区块链＋物流"金融创新和"区块链＋物流"决策优化四个方面介绍当前国内外的一些比较有名的应用案例，以及笔者的一些见解。

物流在供应链中的重要性

物流（logistics）的概念起源于 20 世纪 30 年代的美国，后来于 20 世纪 80 年代传入中国。因其涉及面较广，众多组织和学者赋予物流不同的定义。例如，美国供应链管理专业协会（Council of Supply Chain Management Professionals，CSCMP）将物流定义为"供应链过程的一部分，是对商品、服务以及相关信息在发生地到消费地之间有效率和效益的正向和逆向流动，以及与存储有关的内容的计划、执行和控制的过程，其目的是满足客户需求"。《中华人民共和国国家标准：物流术语》将物流定义为"物品从供应地向接收地的实体流动过程。根据实际需要，将运输、储存、装卸、搬运、包装、流通加工、配送、信息处理等基本功能实施有机结合"。

总体上看，当前对物流的定义包括以下共识：首先，物流的基本职能包括运输、仓储、包装、搬运装卸、流通加工、配送以及相关的信息处理等，这些职能环环相扣，并且每个职能同时包括多级业务流程；其次，物流活动的参与主体包括发货人、收货人、货代企业、第三方物流企业、运输企业、基础设施运营方、装备与技术提供方、金融机构、监管机构、第四方物流企业 [1] 等。简言之，物流是一个参与方众多、业务链条长、时空跨度大、"牵一发而动全身"的复杂运作系统。

物流在供应链的运作中扮演着极其重要的角色。事实上，"供

---

[1] 第四方物流是在第三方物流充分发展的基础上产生的，是一个物流服务集成商，主要是通过整合物流全链条中的各类资源和要素（通常属于不同的第三方物流）来为发货人提供整套的物流供应链解决方案。

应链管理"一词本身就源自 20 世纪 80 年代的物流文献。美国工程院院士李效良教授早期曾将供应链描述为"从获取原材料、加工原材料、制成中间产品和最终产品到将产品送到用户手中所涉及的多个企业和企业部门组成的网络"。在串联并实现以上价值增值的过程中,物流活动是不可或缺的。通过提升物流运作能力,供应链各环节中的物品能够以较低的成本、较短的路径和时间从供应方抵达需求方手里,减少供应商、生产商、销售商等供应链中的企业的库存和资金占用,并最终使消费者在商品价格、送货及时性等方面获益,实现多赢局面。

物流对供应链的重要性还体现在应对不确定性方面。2020 年暴发的新冠肺炎疫情就是一个例子:

一方面,我们看到发生在一些国家和地区的物流中断事件(例如封路封城、交通管制、司机隔离等)给国内乃至全球供应链的复工带来了很大的挑战。在缺少物流"穿针引线"的情况下,即便供应链某个环节上的企业自身已经具备了开工条件,也会因为上游原材料运不进来或是自身产成品运不出去等原因而被迫停工。

另一方面,我们也可以看到中国邮政、普洛斯、顺丰、京东物流、菜鸟网络等物流服务商通过对物流资源的紧急调度,有力保障了企业的复工复产,以及防疫与生活物资的仓储、运输与配送。这些企业的共性在于拥有领先的物流管理能力,例如在管理上有清晰的风险管理与应急物流预案,在技术上通过 ICT(信息与通信技术)、云计算、物联网等技术打通并连接全链条的物流要素,以及建立基于数据分析的科学决策系统,能够在意外情况发生时以较快的速度重新配置相关物流要素，保障物流通畅。本次疫情的实践证明，领先的物流管理能力能够帮助供应链中的企业更好地应对不确定性的挑战，最终保障消费者的需求得到满足。

综上所述，对于供应链中的运营成本、运营效率、交付速度、客户体验、风险控制等诸多绩效指标，物流运作都是关键的影响因素。随着"一带一路"倡议、"新基建"、"双循环"新发展格局等一系列战略部署的出台，中国对发展现代供应链体系，提升产业链、供应链稳定性和竞争力的重视程度正逐渐提高，对物流产业特别是物流基础设施的投入也随之增加。

《2020年交通运输行业发展统计公报》显示：近五年来，铁路、公路、水路、民航等通道型物流设施的固定资产投资均实现稳步上涨。高标仓库、物流园区等节点型物流设施的发展态势同样稳中向好。在当前构建以国内大循环为主体、国际国内双循环相互促进的新发展格局中，加快畅通物流大通道也被视作重要的发力点。由此可以预见，在一系列政策红利的推动下，中国物流行业将迎来新的发展机遇。

中国物流行业的发展趋势与挑战

中国物流行业的发展趋势

1994年，国内第一家经国家工商总局批准以物流名称注册的第三方物流企业——宝供物流诞生，标志着物流在中国作为一个独立行业开启了发展之路。在经历了初期草莽式的粗放增长后，物流行

业开始进入转型升级周期,"降本增效"成为行业的主题词。2006 年,
"大力发展现代物流业"被首次写入国家五年规划纲要,标志着物流
行业从粗放增长到专业发展的转变。2010 年前后电商经济的崛起进
一步推动了物流行业的发展,在创造大量物流需求的同时,也催生
了更多面向终端消费者的物流服务。从近十年的统计数据来看,中
国的社会物流总额已经从 2010 年的 125.4 万亿元稳步上涨至 2019 年
的 298 万亿元,年均复合增长率接近 10%,超过同期 GDP 的增速(见
图 5-1)。中国物流与采购联合会发布的中国物流业景气指数(LPI)
也长期处于荣枯线(50%)以上,反映了行业的长期向好趋势。

　　与发达国家相似,中国的现代物流转型升级之路总体上包括两
个大的阶段:一是从传统物流向数字化物流的变革;二是从数字化
物流向智慧物流(也有数智化物流的提法,本书统称为智慧物流)
的变革。

图 5-1　2010—2019 年中国社会物流总额及增长率

（1）数字化物流阶段。

数字化物流是指通过数字化技术来升级传统的物流要素（或其运作方式），使后者实现在数字世界的映射。从技术维度出发，其主要分为软件层的"信息化"和硬件层的"自动化"。中国的物流信息化发展可以追溯到20世纪末至21世纪初：为了改变传统物流运作中大量采用人工报表、电话、传真等手段传递信息和记录数据，经常出现信息偏差、数据漏填错填等低效率现象，金蝶、用友等信息系统服务商开始在当时流行的企业资源计划（ERP）系统基础上扩展物流管理的模块和功能，并进一步开发独立的物流管理软件。随着技术的进步和市场需求的增加，物流管理软件也在朝更专业的方向迭代。针对细分物流作业场景的订单管理系统（order management system, OMS）、仓库管理系统（warehouse management system, WMS）、运输管理系统（transport management system, TMS）等物流管理软件开始普及。

笔者曾在2018年对中国23个城市的物流企业进行抽样调查，在抽取的690个样本中，分别有50%、47%与35%的企业已经在使用TMS、WMS与OMS。这些专业化的物流管理软件能够深入更仔细的作业流程，连接更末端的物流要素（例如每一位司机、每一辆车、每一件货、每一个库位、每一条拣货线等），并能够与其他管理软件进行数据交换，帮助管理者掌控物流乃至企业运营的全局。

在专业化软件的基础上，云计算、物联网等新一代数字化技术的出现进一步提高了中国物流行业的信息化程度。以云计算为例，该项技术极大地降低了上述专业化软件的使用成本，让中小型物流企业能够以"按使用付费"的方式来应用这些工具，而不是花很多钱进行本地化部署。云端 SaaS（Software as a Service，软件即服务）部署的另一个好处是消除了数据录入、查询时的空间和位置限制，使用者可以在任何时间与地点，利用手机、个人手持终端等可联网设备进行访问和操作，这与涉及大量时空转移的物流活动十分契合。云计算的以上特性显然加速了物流信息化的推广。

物联网对物流信息化的助力则主要体现在更多维的数据采集和更便捷的数据录入方面。例如，在安装相应的物联网设备后，物流企业可以采集到每一辆货车在运输任务执行过程中的实时位置与速度、车厢内货物的实时状态、车厢内的实时温湿度（对于冷链运输）、车厢门的实时开关等数据，从而实现对运输任务的更精准掌控，这是单靠 TMS 软件无法做到的。此外，物联网设备也能够以自动或半自动（如 RFID 加扫码枪）的方式完成一些关键物流数据的记录和上传数据库，这改变了过去只能靠人工来抄写和录入数据的做法，提高了数据的准确率和完整性。

中国物流行业的自动化进程则主要体现在对自动化装备的应用，尤其是在仓库作业环节——其作业量大、标准化程度高、流水线式操作等特点使自动化装备有了更多的用武之地。越来越多的物流仓库使用自动化的传输带、堆垛设备、分拣机器人等来提升作业效率，减少单件货物的平均处理时间与成本。关于这些设备运行背后的工业自控等专业知识，本章不再展开。我们想强调的是，在信息化和工业化"两化融合"的趋势下，各类工业软件、云计算、物联网等数字化技术正与这些自动化装备更紧密地结合，使后者成为新的数据来源。例如，通过物联网与自动化分拣流水线的结合，每件货物在分拣流程中形成的数据可以实时、自动上传到数据记录仪，经过预处理后，以管理者需要的形式存储在数据库中。

综上所述，中国物流行业的信息化与自动化不仅提高了物流的运作效率与操作便捷性，也使这个行业开始向数据密集型行业转变。对于货物、装备、载具、人员的每一次时空转换（以及背后的所有权、交易关系、业务流程等），都可以产生大量、多维的数据，储存在相应的物流服务提供者手中。经过可视化处理后，管理者可以通过数据看板等途径直观地看到这些数据，从而对具体业务的运行情况一目了然。因此，我们认为"业务数据化、数据可视化"是对数字化物流阶段的较好概括。

（2）智慧物流阶段。

伴随着人工智能（artificial intelligence）、先进分析（advanced analytics）等新技术，以及平台、生态圈等新商业模式在中国的兴起，智慧物流成为中国物流行业转型升级的最新趋势。这一概念最先由 IBM 提出，并于 2010 年前后开始在中国流传。在经历了早期探索后，2017 年，中国交通运输协会正式成立智慧物流专业委员会，针对智慧物流的发展战略、方针政策、法律法规、管理体制、行业运营等多方面的重大问题进行研究和推广，这标志着智慧物流在中国的发展进入全新时期。德勤在 2018 年发布的《中国智慧物流发展报告》中指出，在多方因素驱动下，中国的智慧物流市场正处于快速发展期，预计 2025 年时的规模将超万亿元。

首先要明确的是，智慧物流是对数字化物流的延伸而非替代，可以将其理解为数字化物流大概念下的一个前沿方向。关于智慧物流的具体定义，德勤认为智慧物流是指"通过智能硬件、物联网、大数据等智慧化技术与手段，提高物流系统分析决策和智能执行的能力"；中国物流学会"智慧物流发展战略与政策研究"课题组认为智慧物流是指"利用服务于智能化的技术与方法，使物流系统中的个体与总体具有思维、感知、学习、推理判断和自行解决物流中某些问题的能力，有效地与其他经济与社会系统实现沟通与合作，并最终服务于整个经济社会系统的最优化发展"；中国物流与采购联合会则将智慧物流视为"以物流互联网和物流大数据为依托，通过协同共享创新模式与人工智能先进技术，重塑产业分工，再造产业结构，转变产业发展方式的新生态"。

从这些定义中，我们可以归纳出智慧物流的两个关键特征：第一，基于对物流大数据的分析来优化物流运作中的各类决策，创造新的产品与服务；第二，进一步利用数据及相关技术来创新合作机制，通过匹配、协同多个主体的资源和能力来建立新的共享商业模式。

对于特征一，以公路物流为例，常见的决策问题包括物流需求量的预测、仓网的规划与选址、库存在仓网中的布局、入库／拣货／装车等仓内作业的安排、车辆的调度、运输路线的设计、末端配送的排班等。在相应环节及业务流程数据积累的基础上，各类统计分析、运筹优化、人工智能模型和算法可以替管理者"动脑筋"，计算出最科学合理的决策。如今，智能网络规划模型、智能补货／分仓／调拨模型、仓内库存分布／拣货路径优化模型、智能调度／装车模型、动态路径优化模型等决策优化算法已经成为顺丰、京东物流、菜鸟网络等领先物流企业的标配。这些算法在帮助进一步提升现有业务运作效率的同时，也在帮助领先物流企业开发新的产品（例如无人机、无人车、立体仓储/拣货系统等智能装备）和新的服务（例如面向货主方的商业智能服务，即从物流供应链角度给予货主方产品开发、生产、库存布局等建议）。

对于特征二，依然以公路物流为例，针对中国货车空驶率常年高于30%、供求双方信息严重不对称的现状，近年来涌现出的一批网络货运[①]企业将平台商业模式的架构与智慧物流的精髓——数据、模型与算法进行融合，基于大数据调度系统将运输任务精准推荐给平台上最合适的实际承运人，或由实际承运人在平台上自主搜索适合自己的运输任务，并在供求双方匹配成功后，通过一系列数字化技术对实际运输过程进行实时管控，保证货物安全及服务水平。而在更高层面，一些领先企业也在进一步探索如何通过多种运输模式的协同来推动多式联运[②]。基于智慧物流能力，多式联运方案的设计者可以整合公路、铁路、海运、水运、空运的全球运力大数据，将具体运输任务（发货与收货地，货物的数量、规格与其他属性，期望送达时间、运价等）输入相应的优化模型，为发货人计算出综合最优的联运方案。在跨境与内贸物流领域，中谷物流、中海通物

---

① 根据2019年《关于加快道路货运行业转型升级促进高质量发展的意见》中的官方定义，网络货运是指经营者依托互联网平台整合配置运输资源，以承运人身份与托运人签订运输服务合同，委托实际承运人完成道路货物运输，承担承运人责任的道路货物运输经营活动。

② 多式联运是指依托两种及以上运输方式的有效衔接，为发货人提供集成的货物运输方案，其核心是"扬长避短"，利用每种运输方式的优势来分段运输，提高总体运输的经济性和效率。

流、运连网、好运联联等多家平台型企业已经在进行类似的实践。

展望未来，我们对中国物流行业的四个基本判断是：第一，随着数字化技术的进一步普及，更多的物流活动将实时在线可视，并实时产生数据。第二，数据作为资产或生产资料的属性会越来越强。在各类智能模型与算法的驱动下，数据将更深刻地影响物流各环节的决策与执行，提高物流资源的利用效率。对于特定的参与主体而言，这种效率提升可能来自自身的流程优化，也可能来自与其他参与主体的协同创新。第三，物流生态圈会更加开放和灵活。随着物流专业化分工越来越细（例如 B2B、B2C、C2C、跨境、同城、即时配送等），以及客户需求越来越高（例如全球范围内指定时间的门到门服务），一家企业几乎不可能只靠自己的资源就能满足需求，更普遍的做法是构建物流生态，使不同环节与主体的物流要素以"按单聚散"的形式来协同运作。菜鸟网络、京东物流、普洛斯、顺丰等领先的物流企业都正在向这样的生态圈组织者角色演变。第四，在"双循环"新发展格局下，跨境物流作为连接国内国际两个市场的重要通道，将迎来更多的发展机会。从数据上看，中国跨境电商近年来保持着 50% 左右、远高于本土电商的增长速度，这也意味着对跨境物流履约能力的更多需求。

至此，本章用了较多篇幅来描述与物流相关的背景知识。这些背景知识对读者更好地理解后续内容是必要的，即从数字化的视角看，中国物流行业当前面临哪些重要的挑战（其中的一些也是全球物流行业的共性问题），以及为什么区块链技术的引入能够帮助政府与企业更好地应对这些挑战。

数据视角下的中国物流行业面临的痛点

与本书其他章节提到的行业相似，数据的"中心化"问题在中国物流行业同样比较普遍。虽然数字化已经深入物流运作的不同环节并产生大量数据，但无论是数字化早期的物流管理软件，还是如今部署在云端的物流 SaaS 化应用、物流信息平台等，从数据管理的视角看，它们都属于中心化的数据采集与存储——数据采集的主体包括软件的使用者、SaaS 服务的提供商或平台的所有者等，采集后的数据会被存储在企业自己的电脑或服务器，或是云服务提供商的服务器中。一般而言，除了具体产生数据的物流从业者、平台或SaaS 应用的使用者外，这些数据只掌握在上述数据拥有者的手中，并根据业务需要而被加工和分析，用来辅助数据采集主体的各项决策，或者对其产品或服务进行创新。

而与其他行业相比，中国物流行业还具有鲜明的"小和散"的特征。除了消费者比较熟悉的快递 /2C（to consumers）物流等少数物流业务外，多数 2B（to business）物流业务的市场集中度是很低的，甚至像零担运输这种占据货运总量 20% 的物流业务，其 CR10（业务量排前十的企业所占比例）还不足 4%。虽然说物流平台的兴起显著提高了物流底层资源的集中度，但就目前来看依然不够。举例来说，头部的公路运输平台所连接的货车也只有百万量级，但中国的货车总量是千万量级。笔者 2018 年的抽样调查进一步显示，在已经应用物流信息平台的 721 家物流与工商企业中，多达 55% 的企业选择了自建平台，也就是说，即便是平台这种整合多方资源（以及集成数据）的模式，在当前也是高度分散的。此外，从供应链的角度看，物流是一项长链条的复杂运作，特别是在跨境物流领域。以占据全球贸易量90%以上的海运为例，据IBM估计，一次从东非到欧洲的冷藏食品运输就要经手将近30个人和组织。在如此长的链条面前，除了少数几个大的生态圈领导者，多数参与主体（包括平台）只是参与部分的物流环节，比如做仓储的一般不自己做运输，做陆运的一般不自己做海运，做跨境的一般不自己做国内等。

综上所述，数据在当前的中国物流行业中表现出"中心化＋分散"的特点。大多数物流相关数据实际上分布在复杂网络中的众多节点，即特定环节、特定区域的数据拥有者手中。虽然在智慧物流的驱动下，这些节点不都是数据"孤岛"——很多数据拥有者已经在与其他数据拥有者进行协同创新，通过数据互认、数据交换等方式来创造新的物流产品与服务，如共享云仓、仓配一体、共享货运、多式联运、物流金融等，但在以上价值共创落地的过程中，"中心化＋分散"的数据结构依然给行业带来了不少挑战，其中最主要的有以下六点：

第一，数据的安全问题。这一点是传统数据存储的固有缺陷，可以说所有的数据密集型行业都面临这个问题。由于数据被存储在明确的数据中心，因此其更容易遭受黑客的攻击—— 一旦攻破这些数据中心，黑客就可以拿到所有的数据。自然灾害、意外事故等的风险也不容忽视，一旦数据中心所在的区域出现问题导致宕机，则相关的物流业务都会被迫停摆。如前文所述，物流的中断会在供应链中产生链式反应，使众多的企业和用户受到牵连。虽然数据拥有者可以通过投资更先进的防火墙技术、多区域同步备份数据的方式来降低上述安全风险，但这会带来更高的运作成本，进而削弱数据拥有者的盈利能力。

第二，数据的真实性问题。在中心化的数据结构下，原始数据掌握在其拥有者手里。当数据拥有者基于这些数据与第三方联合开展某些业务时，这种信息不对称会给后者带来潜在的机会主义风险，即数据拥有者有可能为了自身利益而篡改某些数据，且后者一般难以发现这些猫腻。以物流金融为例，导致 2013 年"钢贸危机"的一个重要原因就是在动产质押融资模式下，作为借款方的一些钢贸企业利用信息不对称的"便利"来篡改、伪造数据，用货权不属于自己的钢材来进行质押，或将同一批钢材在多家银行重复质押。数据与实际货物的脱钩最终引发系统性危机，给整个钢贸行业带来震荡和冲击。显然，这种潜在的风险阻碍了物流行业进一步基于数据来开展业务协同，特别是当数据来自中小型企业或平台时，如果没有一个可信的中介方提供背书，其他合作方很难建立对其数据的信任。

第三，相关参与方对"数据权"的争夺。物流天然是一个跨企业边界的活动，发货人、承运人和收货人往往是不同的企业。在中心化存储方式下，数据积累在谁的手里，谁就会在利用数据创造价值方面占得先机，以及规避上述第二点中的机会主义风险。这在平台模式中表现得尤为明显——我们看到发货人、承运人、收货人乃至第四方物流企业都在尝试建立连接多方的平台，让其他方在自己的平台上完成物流活动，从而掌握相关的业务和用户数据。在技术不出现大变化的情况下，这种争夺的结果大概率会是在供应链中掌握话语权的强势企业最终胜出。但长期来看，这种现象并不利于合作关系的稳定。

　　第四，整合多源数据时的成本问题。物流数据的标准化程度是相对较低的。比如货的属性、装备属性、计量标准等都千差万别，且不同的环节对同一物品可能有不同的称呼和计算方法，以及不同维度与颗粒度的数据存储，再加上物流本身涉及与物联网相关的大量非结构化数据，在"中心化＋分散"的数据结构下，数据拥有者们各自为战，缺少统一的数据采集与存储标准，这会给不同来源的数据整合带来数据定义不一致、格式不同、接口不兼容等诸多实际困难。此外，数据的确权问题也增加了数据互通的交易成本。我们观察到，一些企业虽然认识到彼此的数据互通会产生协同创新的价值，但由于担心数据共享后说不清主权，算不清分利，宁愿自己投资去重复收集对方已有的数据。从行业角度来看，这既是资源的浪费，也不利于智慧协同共享模式的进一步推广。

　　第五，业务执行中的纠纷问题。IBM曾指出，"复杂的监管合规"与"复杂的索赔与所有权变更程序"是全球物流行业的两大痛点。笔者认为，这在中国也不例外，虽然智慧物流的发展使得仓配一体、多段运输、多式联运这些协同运输模式在技术上可行，但在实际业务中，由于货物（以及货权）几经转手，当协同双方或多方的沟通和交接出现问题、导致较低的服务水平时，责任的认定将会成为难题：双方都可能拿出对自己有利的证据来把责任推给对方，在中心化数据真实性存疑且缺少共识机制的情况下，很容易产生推诿和扯皮现象。

　　第六，依然存在的"断点"问题。最后应该看到的是，虽然中国的数字化与智慧物流已经取得了可喜的进展，但在一些物流环节上依然存在明显的数字化"断点"。例如，在物流装备方面，共享集装箱、共享托盘等很好的资源共享模式由于流动性高（不同的运输阶段和位置会涉及多个交易方）、跨平台数据难以打通、难以监管等原因，目前主要是在中心化的平台中得到应用，还没有充分实现更大范围的跨平台共享。再比如，在跨境场景下，传统的航运物流依然涉及运输单据、港口通关文件、信用证等诸多纸质文件的处理流程。显然，一条链的总体数字化水平是由链上的短板决定的，但对于国际海运这种涉及众多参与主体，特别是落后国家与地区的长链条，端到端的数字化几乎不可能通过中心化的大平台来实现，其数字化转型尚缺少一个有力的抓手。

"区块链 + 物流"的应用价值

区块链技术为我们应对这些挑战提供了新的思路。区块链的技术特征在前文已有详细介绍，我们在此着重说明区块链如何帮助解决物流行业中的上述问题。

首先，区块链的分布式存储本身是一种更稳健的数据管理方式，有效提升了数据的安全性。与多区域同步备份等传统数据保护方法相比，区块链可以在同样保障数据安全的前提下，一举多得地解决物流环节不同参与方争夺数据以及多源数据的整合成本等问题。例如，发货方、仓储方、运输方和收货方可以组建联盟链，以约定好的格式将货物在它们之间流转所形成的关键数据上链（涉及各家商业隐私的部分不用上链，或通过链外计算、链上寻址等方式保护隐私），数据上链后不仅可实现多方自动共享，且格式统一，不再需要进行大量清洗和整理。对于更多维度的数据整合，区块链的数字身份签名、时间戳等技术也能有效保障数据的来源可追溯、主权可确认，降低双方乃至多方数据整合时的交易成本。

其次，区块链的共识机制可以有效避免单方面的数据篡改，从而消除对可信中介方的依赖，以较低的成本建立信用。例如仓储、港口、海关、检验检疫、货代、船公司、空运及陆运公司等物流链条上的任何节点都可以将货物与单证的关键信息（货物的物权、数量、质量、状态等）在区块链上存证，使其变成全节点信任的信息，那么借贸易之名的欺诈行为将无处遁形。在此基础上，物流全链条的追溯也将更加可信——由于没有节点能够篡改数据（一旦数据有所变动，就会在链上留下痕迹），因此也就无法实施调包、串货等机会主义行为。

最后，在共识机制的基础上，基于区块链的智能合约有助于减少业务流转过程中的纠纷。例如，在对账结算环节，双方将各自计费账单上的关键信息（货品、数量、质量、状态、计费方式等）与执行条件写入区块链，一旦合约的执行条件得到满足（比如，司机成功递交交货确认书，且货物的各项属性信息正确），合约便可以自动对账结算，整个过程高度透明（见图5-2）。区块链点对点交易、非对称加密等特性也同时保障了合约中的敏感信息不被链上的其他参与方看到。另外，对于集装箱、托盘这类具有高流动性的物流要素，在上链之后也能更透明地跨组织流转，其拥有者与使用者可以在任何时候查

区块链赋能供应链

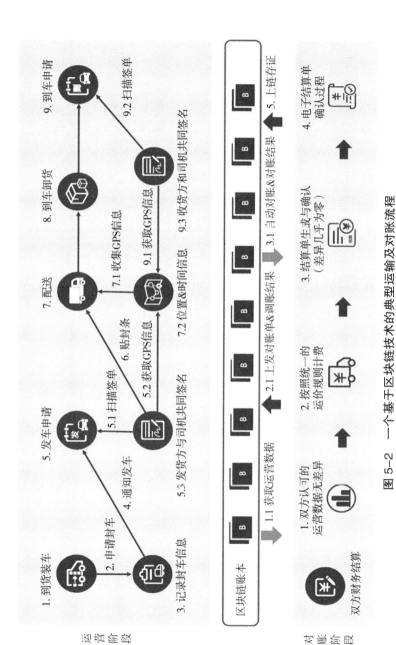

图 5-2 一个基于区块链技术的典型运输及对账流程

资料来源：中国物流与采购联合会等 2019 年发布的《中国物流与区块链融合创新应用蓝皮书》。

看其状态，当出现遗失或损坏时，也能通过追溯清楚地找到责任方。

由此可见，区块链技术在理论上能够较好地解决中国物流行业当前面临的一些关键问题。在数字化与智慧物流的大趋势下，区块链技术拥有很好的应用前景。

2018年，IBM对来自16个国家和地区的202名物流业高管进行了调研，结果表明：14%的受访高管正在运用和投资区块链，77%的受访高管希望在未来1~3年内将区块链网络投入生产，70%的受访高管预计区块链将有助于降低物流成本、提高交付速度和缓解风险。

同年，普华永道和唯链在中国进行了关于区块链非金融应用的调研，63%的受访高管认为区块链最有可能为物流行业创造价值，在所有行业中占比最高。2019年，中国物流与采购联合会发布的《中国物流与供应链产业区块链应用白皮书》显示物流与供应链在产业区块链场景分布中的占比最高，达到34%。这些数据都在一定程度上支持了我们的判断。

在此向好趋势下，国际和国内的一些"区块链＋物流"联盟也开始兴起。2016年，中国物流与采购联合会和多家区块链技术企业、物流企业及金融企业联合成立"中国物流与采购联合会区块链应用分会"，致力于推广区块链技术在物流领域中的应用，开展区块链技术与业务培训，研究与设计区块链技术物流应用标准，助力物流供应链产业的转型发展。

2017年，"全球区块链货运联盟"（BiTA）正式成立，其成员包括联邦快递、UPS、Penske、GE运输、SAP、Salesforce、京东物流等近 500 家企业，是目前全球最大的区块链商业联盟。BiTA 旨在整合货运及物流行业各方，共同推动区块链在货运行业的应用，开发货运行业的区块链标准，从而提高货运流程的透明度及效率。

2018 年，京东物流主导成立了国内首个"物流＋区块链技术应用联盟"，该联盟旨在搭建国内外区块链技术互动平台，联合政府部门和相关机构共同推动建立区块链在物流行业统一的应用技术标准，助力区块链技术在物流行业创新发展。

2020 年，包括中远海运集运、中远海运港口、青岛港集团、上海国际港务集团等在内的九家全球领先的航运公司和码头运营商拟成立基于区块链的"全球航运业务网络"（GSBN），这也是航运业的首个区块链联盟，旨在携手包括海运承运人、码头运营商、海关、发货人及物流服务供应商等在内的利益相关方建立行业数字化基准，驱动协同创新和数字化转型。

总体上看，这些非营利组织在培育区块链应用市场、帮助物流相关主体形成共识、建立特定物流环节的区块链应用标准等多个方面发挥了积极作用，是促进"区块链＋物流"落地的重要抓手。

"区块链＋物流"的应用案例

在多方因素的驱动下，区块链在物流行业中开始得到更多的应用，在不同的物流细分领域中都能找到相应的项目。本节将简要介绍从公开资料中梳理出的国内和国际的一些典型应用案例，帮助读者加深对"区块链＋物流"应用现状的认识。

"区块链 + 物流"过程追溯

新冠肺炎疫情之下，虽然中国基本阻断了病毒在本土的传播，但自境外输入的冷链食品中检查出新冠病毒的事件频发，给防疫工作带来了新的挑战。食品的跨境冷链是一个比较复杂的长链条，涉及国际国内多个物流环节和交易方，一旦某批食品被检查出有问题，追溯其供应链流向是费时费力的工作，且花的时间越多，潜在的食品安全风险越大。此外，消费者的信心显著受挫。由于在购买冷链食品时不确定它们从哪里来、途经什么地方、和哪些人接触过，于是消费者只能选择在看起来可靠的零售商那里购买，或干脆不购买。

在此背景下，湖北省基于蚂蚁链和阿里云开发上线了"鄂冷链"冷链食品追溯系统。

"鄂冷链"追溯系统

对于所有以武汉为第一入境地或第一储存地的进口冷链食品，收货方必须将产品的入境货物检验检疫证明、海关进口货物报关证明、冷链食品消毒证明以及新冠病毒核酸检测报告等"三证明一报告"，连同发货方、运输车辆及人员等追溯信息录入"鄂冷链"平台进行赋码，获得唯一的区块链"身份证"后，才能正常在湖北入库。进口冷链食品生产经营者必须在验码并及时完善冷链运输车辆、人员、存放地等信息后，才能将冷链食品出库。

另外，在冷链食品到达各终端零售点的物流过程中，每完成一段运输，交接双方都需要经过验码和赋码（在区块中写入新的货、库、车、人等信息）后才能开始下一段运输。"鄂冷链"同时实现了与湖北健康码的对接，对参与运输的物流从业者的健康情况进行交叉验证。为了方便各环节的参与方进行操作，"鄂冷链"还开发了多样化的交互界面，相关从业人员可以通过PC端或手机上的小程序，便捷进行冷链食品的赋码、扫码出入库、溯源码管理等工作。而消费者在挑选这些食品时，只需要通过手机微信或支付宝扫描食品包装上的条形码或二维码，就可以快速查询到上述"三证明一报告"，以及货物在仓储、运输过程中每个节点的相关信息，实现放心购买。

截至2020年12月31日，武汉市已经全面完成存量进口冷链食品的赋码工作。2021年1月1日起，"鄂冷链"在武汉市全面应用，其不仅实现了进口冷链食品的轻松追溯，也帮助当地主管部门更准确、实时地掌握冷库备案、冷链主体、冷链食品流入流出、不同类型冷链产销情况等经营信息。

集装箱是全球海运中的重要运输载体。据上海国际航运研究中心发布的《全球港口发展报告（2019）》，仅在2019年，全球集装箱港口吞吐量就已经达到8亿个标准集装箱（TEU）。然而在传统模式下，为了控制集装箱的流向，船公司通常规定发货人只能使用自己的集装箱，即"箱船不分离"，不同海运企业之间的集装箱流转信息不互通。在市场的波动下，会有大量的空箱跟随舱位进行无效转移。为了提高集装箱的利用率，曾经有一些小型船公司尝试建立集装箱的共享联盟，但由于共享后无法实现很好的跟踪和管理，几年后便宣告失败。

在此背景下，丹麦企业 Blockshipping 发起了全球共享集装箱平台（Global Shared Container Platform，GSCP），尝试通过区块链与物联网的结合来解决集装箱在全球海运中无法充分共享的痛点。

区块链与全球共享集装箱平台

全球共享集装箱平台（GSCP）的核心思想是建立开放的公有链，利用区块链的共识机制对全球超过 2 700 万个集装箱进行确权，再利用区块链的可追溯特性来真实记录集装箱在不同主体间的流转状况，以及借助物联网定位技术实现对集装箱实时状态的查询。在保障箱主方与用箱方的权益方面，基于区块链的智能合约发挥了关键作用：GSCP 将用箱条件、规则、触发合约执行的情景、特定情景下的触发规则等信息写入模板化的智能合约。在箱主方、用箱方分别写入关键参数（如箱主方能够接受的用箱条件，用箱方期望的时间、地点、所装货物、承运人、费用等）后，智能合约便能自动匹配供应与需求，并控制集装箱使用权的转移、冻结用箱方的相关费用。用箱方可在用箱结束后上传集装箱状态数据，结束用箱流程，智能合约将自动结束其集装箱使用权，同时将冻结的用箱费转移至箱主方的账户中。当出现箱损时，也可以根据箱损发生时间与地点、箱损状况以及智能合约中的条款，自动判定赔偿金，避免产生纠纷。

这一项目目前正在进行中。其发起人彼得·路德维希森（Peter Ludvigsen，马士基航运前首席信息官）表示，每家船公司可以根据业务情况来动态调整与其他船公司共享的集装箱数量，以及相应的用箱条件。随着海运企业对 GSCP 的信任度增强，它们也许会将自用集装箱的数量控制在最小范围，并将更多集装箱放在 GSCP 的共享资源池内，以便随用随取，不用再担心空箱回程这类问题。航运界估计，GSCP 如果被业内广泛采用，那么每年可为全球集装箱航运市场节约 57 亿美元，同时可为全球减少约 460 万吨的二氧化碳排放。

"鄂冷链"和全球共享集装箱平台的共同点在于利用区块链来填补原有物流运输过程中的关键数据断点，形成可完整追溯且无法篡改的数据链。这两个案例的场景都属于物流追溯的难点：由于参与方众多且缺少核心领导者，传统的中心化追溯很容易引发纠纷，因而难以执行下去。区块链的引入使数据真正实现"可见即可信"，追溯难题也就迎刃而解。我们得到的另一个启发是：在物流数字化大趋势下，对于那些尚未数字化的物流要素（如案例中的集装箱），区块链也是一个促成其数字化的抓手。当然，这需要区块链与其他数字化技术的结合（如案例中的物联网定位技术），有易用的区块链平台、服务提供者，以及上下游企业的协同意愿。

"区块链＋物流"流程改进

进口提货是一个涉及收货人、船公司／船代、海关、港口等多个参与方的作业流程。简单来说，收货人在收到港口发来的到货通知后，需要持海运提单等文件先去船公司换取提货单，然后将提货单和其他必要单据一起向海关申报，海关查验货物后在提货单上加盖放行章，收货人再拿着盖了放行章的提货单和其他必要单据到港口办公室取得提货单证，凭提货单证到仓库提货。也就是说，收货人需要跑多个业务窗口，经历单据的多次流转，才能完成一次进口提货。

在此背景下，中远海运集装箱运输有限公司（简称"中远海运集运"）于 2019 年开始推行基于区块链的电子提货单（EDO）模式，希望能为收货人简化上述流程。

中远海运集运区块链电子提货单

通过构建联盟链，中远海运集运实现了关键业务窗口之间的数据互联互通和流程协作互信。收货人一次性申请好电子提货单（EDO）后，该提货单即可通过区块链签发和流转，完成贯穿船公司和港口的操作流程。收货人完成报关后即可委托车队前往码头提货。整个操作流程可视、时间可控、风险可防，收货人几乎足不出户，便能在网上一键完成所有操作，极大地节省了排队等候和往返奔波的时间和经济成本。

自 2019 年 11 月项目启动以来，中远海运集运已经在上海、厦门、青岛、宁波、广州等多个口岸推动基于区块链的 EDO 应用，为进口客户提供无纸化提货的便捷服务。以青岛港为例，截至 2020 年 6 月，中远海运集运已在青岛口岸完成了近 500 个集装箱的 EDO 进口放货操作，平均每个集装箱为客户节省提货时间近 24 小时。特别是在疫情期间，EDO 模式下无接触办理业务的特点也为各方兼顾防疫工作和业务运行提供了便利。

除提货单之外，中远海运集运也在探索如何让更多物流单据在区块链上实现流转。12 月 2 日，中远海运集运正式发布了与中国银行等合作伙伴携手打造的"航运提单＋贸易单证区块链"平台。该平台致力于连接国际海运中的更多参与主体，实现"提单＋贸易单证"的完整上链，为国际贸易提供可信任的数字基础。

当我们把目光从进口提货投向国际海运中的更多环节时，会发现类似中远海运集运区块链电子提货单中"收货人对船公司、收货人对海关、收货人对港口"这种点对点的沟通方式随处可见。马士基航运推测，仅从肯尼亚运一个集装箱的鲜花到鹿特丹港，就需要经过将近 200 次的点对点沟通（以及委托书、海运提单、提货单、商业发票、装箱单、集装箱交接单、保险单、许可证、相关证明文件等各类单据的流转），涉及陆运承运方、货代、海关、港口、海运承运方等多个松散耦合的参与方，导致信息处理成本达到实际运输成本的两倍以上。

在此背景下，2017 年，马士基与 IBM 合作开发了基于区块链的全球海运贸易数字化平台。该平台致力于推动海运生态系统中的各个参与方加入区块链的分布式共享网络，将传统的点对点沟通变成链上的"广播"与文件工作流。通过设置公钥与私钥，链上的不同节点既可以看到全链公开的信息（如查看当前流程走到了哪一步、货物的实时位置等，以及海关文件、提货单等公开单据），也可以浏览自己权限内的特定业务单据，并通过在线方式完成对这些单据的处理。未经网络中其他成员的同意，任何参与方都无法私自添加、删除、修改任何记录。

IBM 通过区块链助力将鲜花"从肯尼亚运到鹿特丹港"

IBM 公开了通过区块链助力将鲜花"从肯尼亚运到鹿特丹港"的一个例子：链上的参与主体包括鲜花种植者、出口有关部门、港口、海关和进口商等，仅从肯尼亚蒙巴萨港出口这一步，就需要三个不同机构的签字批准，以及六份文件来描述鲜花原产地、化学处理、所采购的品质、关税等内容——这些手续在过去需要发货人跑不同的业务窗口才能完成。而在区块链上，发货人将原始单据可视化并发起工作流后，智能合约会启动预设好的三个机构之间的审批工作流程，每一个机构签署后，状态（以及生成的电子单据）都会同步更新给其他节点，辅助后者的业务决策。比如，蒙巴萨港即时收到海关部门的批准信息后，就可以提前准备集装箱；仓库、陆运公司等也可以准备货物的出库和运送。

类似地，在整个海运过程中，与货物和单据有关的状态更新都会共享给链上的节点，例如哪份文件、在什么时间、由谁提交，鲜花的实时位置、目前的保管者，以及之后的航程安排等。目前，全球海运贸易数字化平台正在有计划地整合所选定贸易航线上的海关节点，在数以百万计的集装箱航次中实现贸易工作流的数字化和端到端追踪。IBM 预计，这项创新将帮助全球海运供应链每年节省数十亿美元的支出，同时也将显著缩短货物在运输过程中所花费的时间。

中远海运集运和 IBM 案例的共同点在于利用区块链来改进物流环节中一些传统、相对低效的信息和单据流转方式。与"鄂冷链"和"全球共享集装箱平台"案例相比，它们的区别在于关注的是物流中的作业流程，而非物流要素。从中远海运集运和 IBM 案例中，我们得到的启发是：区块链不仅能够帮助填补数据断点，而且是一个提高流程效率的利器。其技术架构可以帮助实现很多流程的"并发式处理"和信息的"广播式传递"，并通过公私钥与智能合约来让特定的主体掌握和处理特定的文件，实现对隐私保护的兼顾。这对于长流程的细分物流领域而言尤其有价值，物流链条上的相关主体都可以借此精简作业流程，最终使客户获得更好的体验。

"区块链＋物流"金融创新

据估计，在中国社会总物流体系中运转着约 70 万亿元的动产（各类货物）。对货权拥有者而言，在货物变成实际销售收入之前，这是很大的一笔资金占用。动产融资是物流与金融服务相结合的创新业务模式。通过质押的形式，企业可以将其货权对应的未来销售收入折现成当前流动资金，从而改善经营现金流。但在中国，资金方出于对监管难度、机会主义风险（如借款方单据造假、重复质押、串通仓库管理方转移质押物）等方面的担心，对动产融资业务慎之又慎，导致动产融资规模只有 5 万亿元左右，仅占动产总规模的 7% 左右。中小企业基于仓库动产的"融资难、融资贵"成为行业痛点。

在此背景下，上海聚均科技有限公司推出了"易融云仓物联网＋区块链仓库控货系统"（以下简称"易融云仓"），旨在将原本难以控制、监管风险较大的动产转化为状态透明、易于监管的资产，从而促进动产融资的开展。

易融云仓

公开资料显示，易融云仓解决方案的核心包括：首先通过 RFID、雷达、电子围栏、视频监控等多种物联网手段实现动产存储和运输的可视化；然后在此基础上建立物流企业、资金方、监管方等参与方的联盟链，将关键节点业务上链，通过智能合约来保障每一步操作的规范执行，并将动产状态信息和关键单据在

链上实时更新。

　　举例来说，在最开始的绑定装箱环节，装箱完成、生成箱单后的货物就被安放在有物联网设备的智能托盘上，托盘的位置可以实时监控，托盘离开既定区域或箱盘分离则会自动报警，同时箱单信息也会上链，从而在源头就实现控货；在后续的入库、存放、出库和在途运输等环节，也同样是基于物联网手段与区块链特性的结合，从物理层面和流程层面双重保障所质押动产的客观真实存在（例如，当出现仓库内操作机械在无授权任务时启动、箱体移出电子围栏、货物重量/轮廓形状发生变化等违反预设规则的情况时，易融云仓都会触发报警并在链上广播，资金方、监管方、仓库管理方等链上节点可通过 PC 或手机 App 及时收到报警信息，进行核查），质押动产与箱单、仓单等单据的一一对应，以及相关对象信息与完整操作历史记录的无偏差，从而杜绝发生重复质押等欺诈行为的可能性。

　　一方面，除货权拥有者外，在社会物流生态中还有大量的中小型物流与工商企业也存在资金需求。它们中的一些虽然有良好的市场表现，但在传统信用体系下，其主体信用难以得到有效验证，也就难以获得资金方的授信。另一方面，银行、券商、信托等很多资金方也希望能在物流圈中找到更多优质资产，但由于缺少专业背景，难以靠自身打造适合物流行业场景且风险可控的金融产品。

　　在此背景下，普洛斯金融控股有限公司（以下简称"普洛斯金

融")尝试利用区块链技术连接资金方与自身物流生态中的优质资
产，打造基于区块链的"资产＋资金"平台。

普洛斯金融基于区块链的"资产＋资金"平台

过去几年里，普洛斯金融基于普洛斯集团旗下物流、食品冷
链、快消品、跨境等多条业务线，开发并运维了多款标准化金融
产品，例如针对运输企业的"普运贷"、针对仓储企业的"普易
租"、针对冷链的"普链采"等（见图5-3）。这些产品背后的核
心逻辑是普洛斯金融的场景和数据优势：通过连接普洛斯集团生
态内的各类核心企业、物流企业、平台型企业与物流科技企业，
打通多个产业从生产、运输到仓储、销售等各个环节产生的底层
数据，并基于此建立针对产业特性的，覆盖贷前、贷中与贷后环
节的大数据风控体系。

在通过这些标准化金融产品获取大量中小企业客户，积累
了运营经验后，为了更好地强化这类资产的金融属性，开辟中小
企业在资本市场的创新融资途径，普洛斯金融建立了基于区块链
的资产证券化平台。具体来说，普洛斯金融将物流链条中的资产
方、资金方、监管方等各参与方作为区块链上的节点。在资产
端，普洛斯金融联合优质的中小企业，将其核心关联数据写入区
块链，并基于对实时入链数据的分析，对资产进行风险定价、动
态风险预警及监控等，使资金方、监管方可随时掌握底层资产的
真实状态。在底层资产透明的基础上，证券化产品的设计、发

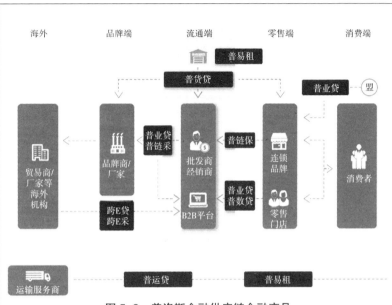

图 5-3 普洛斯金融供应链金融产品

资料来源：宋华.智慧供应链金融.北京：中国人民大学出版社，2019.

行、存续期管理和二级市场交易也都在区块链的支撑下进行。例如，在产品设计与发行阶段，交易结构、评级结果等关键信息经评级公司和券商确认后，作为智能合约共识入链；在存续期，证券本息兑付等信息也是由链上的智能合约基于入链的现金流和产品设计结构来自动、全透明地执行；二级市场中交易双方的实时定价，也是基于链上登记的真实底层资产现金流，依托大数据和量化模型来实现真实计算、有据可依。此外，链上的各参与方也可以基于链上信息，随时在平台中生成并查看各类报告，并对违约指标进行实时监控（见图 5-4）。

图5-4　普洛斯金融的资产证券化平台

资料来源：宋华.智慧供应链金融.北京：中国人民大学出版社，2019.

2020 年 8 月，由普洛斯金融发起的基于区块链的应收账款一期资产支持专项计划于上海证券交易所成功发行，成为国内首个基于区块链技术发行的多手商票入池 ABS 项目，项目储架规模 20 亿元，首期发行规模 2.16 亿元，期限 2 年，优先级评级 AAA。在区块链技术的加持下，该 ABS 项目实现了底层资产的高度分散，期限不限，极大地降低了资产池的单一信用风险。与此同时，资金的来源也更加多样。有了区块链的穿透式底层资产监管，更多的投资方愿意为经营良好的中小企业"输血"，使物流生态实现更稳健的发展。

易融云仓和普洛斯金融的案例展示了在保障底层数据真实性、物流过程（鄂冷链和全球共享集装箱平台案例）与单据流程（中远海运集运和 IBM 案例）可视的基础上，区块链能够进一步作为"信任的连接器"，帮助那些可信的物流资产从物流生态圈中获得物流金融支持，从而更好地实现可持续发展。也就是说，在区块链的辅助下，企业所积累的数据不仅能用来改进自身流程，也能助其获得更多的外部资源。结合智慧物流的趋势来看，区块链在促进基于数据的服务创新方面或将迎来更多机会。正如普洛斯金融的各类数据量化与风控模型，如果没有区块链的底层护航，仅基于这些模型、算法的金融产品很难打开外部市场并赢得广大资金方的青睐。

"区块链＋物流"决策优化

如前文所述，在智慧物流时代，京东物流、顺丰、菜鸟网络等领先的物流企业都在运用各类智能模型和算法来逐步替代传统的经验判断，在物流运作的各个环节中做出更科学合理的决策，从而降本增效、提高竞争力。然而，众多中小企业并不具备这样的技术能力，也就难以从中受益。以公路物流为例，大量中小型物流车队不知道每天去哪里接活、走哪些线路是最有经济效益的，只能靠经验和过去的客户资源来找活干。虽然物流运力交易平台的出现改善了这一情况，但大多数平台的撮合逻辑是一对一的，即发货方的每个运输任务都只能由一个相对最合适的承运方完成，不考虑由多个承运方以多段运输的方式完成。作为承运方，所匹配到的运输任务对自己也不一定是最优的。

在此背景下，新加坡的一家初创公司 Yojee 开发了基于区块链的物流车队智能调度系统，致力于通过区块链与人工智能技术的结合来解决上述中小型物流车队面对的痛点。

新加坡 Yojee 平台

与传统物流运力交易平台不同的是，区块链帮助 Yojee 将诸多小型物流车队捆绑成一个虚拟的"整体"，利用智能调度模型和算法为其分配接序式的多段运输任务，从而最大限度利用其能力。通过设置公私钥，Yojee 平台上的物流车队在相互合作的

同时，也可以保证各自的隐私、线路与客户信息不会被他人知晓——这是协同合作得以实现的关键基础。而与此同时，货物运输全过程的信息是链上公开的，包括发货人在内的各方可以随时查询与验证，并且无须担心有某个物流车队篡改信息。智能合约的使用也保证了自动化的订单处理、单据流转与交付服务，同时各方的权责明确，可避免纠纷。Yojee 没有透露在人工智能技术方面的更多细节，但根据一般性技术原理，可以推测 Yojee 能够将每个物流车队输入的经营基本信息、运力基本信息，可接受的时间范围、地点范围、价格范围，以及发货人输入的货物基本信息、期望的取货和送达的时间地点、对运力资质的要求、运价等数据输入智能调度模型，由模型根据特定的目标（如兼顾时间与运价）将运输任务整体分配给某个物流车队，或拆分给某几个物流车队。与只能一对一匹配相比，模型有更多的选择权来达成最优。

2018 年，Yojee 顺利在澳大利亚股票交易所上市。目前，Yojee 的运营范围包括新加坡、澳大利亚、印度尼西亚、马来西亚、越南和柬埔寨，为东南亚地区大约 70 个电子商务企业网站提供上述基于物流车队协同运作的物流交付服务。其联合创始人兼首席执行官埃德·克拉克（Ed Clarke）表示："我们能够让物品在同一天或隔天就到达客户手中，不需要再在路途中耗费两三天的时间。"

新加坡 Yojee 平台的案例让我们看到了区块链在智能物流时代的更多应用可能性。通过按单配置零散的运力来开展多段运输，这是一种典型的由数据驱动的协同创新模式。虽然智能模型和算法能够解决这类问题，但由于多个参与方场景下在流程协调、隐私保护、权责界定等方面存在的困难，实际的应用还不多。而区块链的应用能够从底层克服这些障碍，是促成此类创新落地的关键一环。展望未来，区块链或将在促进基于数据的决策优化，特别是让众多中小企业享受到智慧物流的便利方面迎来更多机会。例如，在"双循环"物流大通道建设的大好机遇下，第四方物流等物流活动的组织者可以探索基于"人工智能＋区块链"的组合，开发并促成多执行方协同运作的多式联运优化方案、协同仓储优化方案等落地，利用区块链的特性降低中小企业（零散物流要素）的进入壁垒，建立更灵活、更精益且更可靠的智慧物流生态圈。

本章总结

在本章最后，笔者想强调的几点是：第一，要客观看待区块链在中国物流行业中的应用现状。虽然有多个应用案例（包括前文所描述的以及更多逻辑相似、没有专门列出的），但据互链脉搏研究院（IPRI）统计，2019 年中国披露的 400 个区块链落地应用案例中，贸易物流领域的占比只有 16%。进一步看的话，这些案例中的很大一部分还属于试点类项目，还没有大规模地普及应用。应该承认，"区块链＋物流"目前还处在比较初期的应用阶段。第二，在研究区块链在物流中的应用时，一定要将其放在数字化物流、智慧物流的大趋势下进行思考，这也是本章开篇使用较大篇幅来介绍这些大趋势的重要原因。从前文的多个应用案例来看，区块链不是"单打独斗"型技术，而是需要在云计算、物联网、信息系统或平台、大数据、人工智能等数字化技术的基础上，利用其分布式数据存储、防篡改、共识机制、智能合约等方面的特性来克服以上技术在实践中遇到的协调、信任、隐私保护 VS 共享等难题，进而多项技术"抱团"为企业创造价值。第二，区块链在特定物流场景中的落地绝不仅仅是技术问题，更多的是管理问题。上下游企业的协同意愿、流程的整合乃至再造、合作机制的认可、分析数据的能力等因素在很多时候比技术本身更能影响区块链的落地。因此，有志于应用区块链的物流相关企业需要加强流程设计与优化、上下游关系管理、大数据分析等方面的能力，从而提高促成区块链落地的概率。

第六章

区块链在供应链中的应用价值

　　至此，本书已经分别基于食品行业供应链溯源、药品行业供应链溯源、供应链金融以及物流行业这四大应用场景对区块链技术的应用价值以及相关实践探索进行了分析。在此基础上，本章旨在提炼和总结区块链技术对供应链管理更具普遍性的应用价值和意义，如区块链技术在供应链管理不同发展阶段的价值，以及区块链技术助力供应链企业转型和供应链管理升级的路径等。

从自动化和信任两个维度看区块链的价值

　　供应链是非常庞大且复杂的物流、信息流、资金流交织在一起的系统，包含从设计、生产、采购、仓储、物流到销售等诸多环节，不仅有空间线的交织，还有时间线的交织。区块链作为一种分布式储存、点对点传输、共识机制、加密算法等多种计算机技术的集成应用，能够很好地记录供应链各方交易数据，提高信息的透明度和传递效率，保证数据的不可篡改性和安全性。总的来说，区块链有助于提升供应链管理效率，有助于打造敏捷供应链。具体而言，笔者根据加内雷瓦拉（Ganeriwalla）等人中所提出的基于自动化的价值和信任的价值这两个维度所构造的分析区块链价值的矩阵来详述区块链技术在供应链中的价值[1]。

区块链技术有助于实现流程自动化，提高供应链效率

智能合约是区块链重要的应用之一，是以数字形式定义的一系列承诺。基于智能合约，在不需要第三方干预的情况下可以以数字的方式促进、验证或者强化之前已经达成的合约条款，自动达成可接受的交易。例如，利用区块链技术使得企业能够更加快速和高效地选择新的供应商，减少在尽职调查上所耗费的时间。Kouvala Innovation 这一组织尝试利用区块链和 RFID 技术来传递货物运输需求。区块链技术使得承运业务能够自动分配给能最大限度满足托运人的价格、服务等需求的承运人，并继续追踪这一运输业务。纽约航运交易所利用区块链技术和智能合约使得参与该平台的托运人能够看到拥有载货空间的承运人的信息，如价格、时间、剩余集装箱的数量等，并且一旦托运人接受了相关的条款，二者之间的交易

① GANERIWALLA, et al. Does your supply chain need a blockchain? The Boston Consulting Group, 2018.

自动达成。这有助于提高承运人的运载能力利用率，并缓解集装箱运输行业低透明度的问题。一旦发生任何一方的违约，违约的一方将损失智能合约中所规定的保证金。再者，如前文提到的马士基与IBM合作开发的基于区块链的全球海运贸易数字化平台，智能合约使得鲜花从肯尼亚出口这一环节所涉及的不同机构在发货人发起工作流之后自动响应，启动审批工作，并同步数据和信息给其他的节点，最终大大降低了供应链的成本，并显著缩短货物在运输过程中所耗费的时间，提高供应链的效率。在供应链金融领域，区块链可以简化付款流程。基于智能合约，可以实现链条内多级贸易资金、业务场景的自动清算，实现对资金流转的自动化管理，降低贷后违约等所导致的成本。例如，壹诺平台在将实体账户资金往来信息上链的基础上，利用智能合约实现资金流转的自动化管控，在很大程度上可以降低单方面贷后违约风险。

区块链技术有助于增强合作伙伴间的信任，提高供应链效率

信任关系是供应链管理治理的重要机制，在企业价值创造中发挥着重要的作用。组织间的信任关系往往是基于比较长期的成功合作经历而发展起来的。而当前复杂的制造生态系统中往往存在着大量彼此之间并不熟悉的潜在合作伙伴。这迫切需要寻找一种新的方式或途径来快速建立起组织间的信任关系。

区块链技术提供了一种有效地快速建立信任关系的重要机制。基于分布式存储和点对点传输，区块链技术有助于实现端到端的透明，

使得整个区块链网络中发生的活动在更大范围内并更及时地对该网络中的成员可视，使每个成员获得高度可靠的、不可篡改的供应链数据。智能合约的存在也提高了网络成员对彼此按照规则行事的信心。

同时，基于 P2P 网络的区块链技术使得网络成员之间必须就交易的有效性达成共识，这有助于剔除不准确的或者可能会存在欺诈的交易。此外，区块链的不可篡改技术特征也有助于网络成员了解到真实的相关产品或者企业的情况。区块链的数据加密和编码等技术特征也提高了对信息共享的信任程度。区块链技术的这些特性有助于增强网络中合作伙伴之间的信任。

而这种信任关系的形成有助于降低供应链各方的成本。区块链技术能够降低供应链上各参与主体选择新合作伙伴的搜寻成本。同时，区块链为供应链协同提供了技术支持，在一定程度上可以有效减轻牛鞭效应，降低供应链的成本，提高供应链的效率。如前文所述，牛鞭效应产生的根本原因是生产商往往离需求端较远，不清楚实际的需求，从下游向上游不断虚增的需求信息又会进一步导致上游生产商的预测失效和盲目生产。基于区块链技术，处于供应链不同环节的各参与主体的数据被做成一个加密数据块，加入区块链当中。这个区块链上的库存信息对各参与主体可见，且不必担心其被篡改。基于这些具有较高可靠性的信息和数据，相对来讲供应链上参与主体的库存管理会更有效，对交付时间的预判就会更加准确。区块链能够实时记录消费信息并做到需求信息在整个区块链网络参与主体之间的共享、透明（某些关键信息会被加密，拥有权限才可获取），这样就不存在需求变异一级一级被扩大的情况。制造企业

146

能在结合自己的生产能力和上下游企业的实际情况下做出更切合实际的生产计划，这样能大大减少整个供应链库存成本。

在供应链金融方面，传统的供应链金融一般只能帮助大企业的一级供应商，而二级及以下供应商往往覆盖不到。供应链中的企业可能分布在不同地域，所涉及的多个机构之间的系统往往没有打通，存在着数据孤岛问题。区块链技术则能帮助解决跨地域、跨机构、跨系统的信任问题。并且对于供应链中的核心企业而言，与其有商业往来的上下游企业往往数量庞大，它们需要耗费很大的成本对各企业的应收账款等数据进行统计和维护。利用区块链分布式记账和智能合约的技术优势，款项的支付和收取变成了不可篡改的永久性账本，而且自动结算，大大提高了整个供应链的运行效率。基于区块链技术，上下游企业之间的交易及票据信息都汇聚在链上。区块链网络中各参与方共同确认、维护与管理的数据为供应链金融服务提供商收集和分析企业的历史交易信息，快速准确地获取企业的信用评级以及历史融资情况提供了重要的信息环境条件。这也可以增强供应链金融服务提供商对中小企业的信任，在一定程度上有助于解决一直存在的中小企业融资难、融资贵的问题。智能合约所保证的高履约率以及基于共识机制的激励机制提升了银行等相关机构的加入积极性，促进核心企业、上下游企业、金融机构等的多方共赢，推动供应链金融良性发展。

区块链技术的使用也使得区块链网络中的参与者可以追溯产品研发、生产、流通、销售等全部环节，有效防止假冒伪劣产品的生产与流通。例如，在食品供应链中，若产品的全过程信息都记录在区块链上，那么食品从加工生产、物流运输到市场销售等每一个环节都能在很短时间内被追踪到。倘若发生食源性疾病事件，能立即追踪相关食品的来源，只需几秒钟就可以迅速找到问题，大大提高了供应链管理的效率，并在一定程度上提供了约束机制，从而保证了相关产品的质量。同时，将追踪情况反馈给供应链上的其他利益相关者，使它们也可以快速反应，从库存或供应链中移除相关产品，避免相关产品流到消费者手中，从而保证食品安全。

借助区块链技术所建立起的链上合作伙伴之间的信任关系也有助于提高产品或者服务的交付速度。例如，在国际运输中，每个节点都需要处理大量的文件与单据，如原产地证书、提单、海关申报单和船只清单等。每一个文档在到达最终用户手中之前都会在每个端口被交换多次。如果采用了区块链技术，运输公司、分销商和监管机构都可以通过电子设备访问相关信息。区块链结合物联网技术可以将诸如货物基本信息、装箱单信息、运输状态等信息同步上传到区块链，显著提高货物的交付速度。与此同时，应用区块链技术可以在发生问题时直接追溯定位，在一定程度上规避人为的货物丢失、误领、错领或商业造假等问题。当交易纠纷发生时，可快速根据链上信息进行取证，明确责任主体，提高付款、交收、理赔的处理效率。

此外，基于区块链技术，需求数据能够很快被全网获取。这使得面对需求的波动，各个节点能更好地互相配合，提升供应链响应速度。同时，区块链技术所积累的大量的供应链上下游的数据，也有助于企业更好地进行新产品和服务的设计和开发，提高创新的效率。

区块链技术有助于增强消费者对产品的信任，提升客户体验

近年来，随着消费者对安全、优质食品的需求不断增加，基于区块链的产品追溯系统正逐渐成为提升产品供应链透明度、增强消费者信心的有效工具。消费者在购买某些产品时，通过扫描包装上的二维码，即可了解产品供应源头、检测报告、流通中位置变化等详细信息。全流程的产品追溯系统，增强了消费者对产品的信任，从而增强消费者的体验并提高其满意度。

中国已有多家企业在尝试利用区块链技术来解决消费者对产品的信任问题。例如在前文所提到的惠氏奶粉利用京东数科"智臻链"防伪追溯平台，将奶粉供应链条上的真实信息呈现给消费者，以增强其对惠氏奶粉产品质量的信任。鑫玉龙海参借助该平台，旨在消除消费者对海参产地和养殖等方面的疑惑。沃尔玛中国首席道德与合规官陈明智表示，沃尔玛通过立体化的管理方式对食品安全进行管理，遵循从农田到餐桌的食品供应链管理理念。为了给顾客带来更透明、安心的消费体验，沃尔玛把实现生鲜可追溯放在十分重要的战略地位，依靠数字化科技为可追溯平台提供创新性解决方案。2019 年，沃尔玛中国区块链可追溯平台正式启动，首批共有23 种商品完成测试并上线，之后会上线更多商品，覆盖多个品类。

对于药品行业这类对产品的可追溯性要求较高的应用场景，区块链技术的作用更加凸显，特别是还可以将冷链运输等特殊物流信息上链。例如，新冠肺炎疫情暴发以来，大家都非常关心的疫苗问

题。借助区块链技术可以打通疫苗冷链溯源各环节的"信息孤岛"，既可提高信息协同效率，也能够防止出现假冒等情况，保证了疫苗的真实性，让消费者更加放心。另一个附带的好处就是，市面上的仿制品是必然不具备这个区块链信息的，因此对仿制品的甄别也不需要再投入额外的成本。通过将生产、物流、销售等数据上链，区块链可确保产品的真实性和质量，保障消费者权益。

此外，区块链技术有助于提高交付质量，提高客户满意度。例如，运输过程中货物丢失或损坏可能会影响客户对运输公司的信任。区块链能够提高透明度，客户可以基于相关入口自行查询区块链上的信息（如物流进度等），了解物流链中的事件，从而增强客户的体验。

高自动化和信任需求下的区块链技术应用价值

在前文中，我们讨论了区块链技术对供应链管理的诸多价值，但这并不意味着所有的企业都需要使用区块链。同样，我们可以从自动化的价值和信任的价值两个维度来看区块链技术的最佳应用场景（见图6-1）。当强调自动化的价值以及对组织间信任要求比较高时（也即矩阵右上方的象限），区块链技术具有最佳的应用价值。当企业强调自动化的价值时，例如存在大量标准化的交易，也即重视速度和效率，但对组织间信任关系的要求不高（也即矩阵左上方的象限），此时区块链技术有助于实现端到端的供应链可视化以及任务自动执行。但是，还有其他先进的供应链管理方法如数字化控制塔等能够满足企业对自动化的需求；同时，考虑建立区块链去中心化计算网络所需要的大量资源投入，此时区块链技术的应用吸引力就没有那么大了，数字化控制塔则是最划算的选择。而当企业对自动化的需求较低，更多地强调和重视组织间的信任关系时（也即矩阵右下方的象限），例如存在大量但不稳定的合作伙伴，区块链技术提供了一种信任机制，在考虑成本、收益的基础上可以作为一项冷门技术产生价值。例如，当合作伙伴之间需要以一种安全、持久的方式记录共享数据来实现全链条追溯和审计时；当存在很多参与方需要增加或获取数据，抑或参与契约交易时；当制造商和供应商不知道彼此或者不相信彼此，并且没有一个中间商去帮助建立信任关系时等[1]。而当企业不重视自动化和信任关系的价值时（也即矩阵左下方的象限），区块链的应用价值是比较低的。

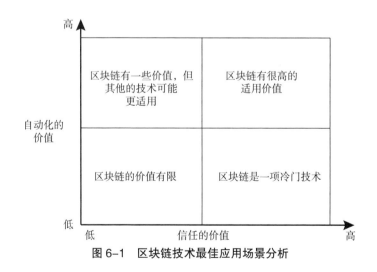

图 6-1 区块链技术最佳应用场景分析

① GANERIWALLA et al. Does your supply chain need a blockchain?. The Boston Consulting Group, 2018.

基于供应链管理发展阶段的区块链价值分析

供应链管理发展的四个阶段

从单个工厂的管理，到如今生态圈概念的提出，供应链管理的范畴在逐渐扩大。根据笔者对中国企业发展转型升级的研究，可将中国企业的供应链管理发展分为四个阶段，并且技术在每个阶段也扮演着不同的角色。

（1）第一阶段：被动和支持型供应链。

在这一阶段，企业还聚焦于内部流程的标准化和管理。简单来说，企业的目标是管理好"计划—采购—生产—配送"这一流程，根据上下游协作把流程串起来，同时控制成本、避免出现质量和交货问题以及由于供应链的问题而对企业产生负面影响。而参与供应链的员工基本上是层次比较低的运营人员，分布在采购部门、物流配送部门、生产部门等，其工作基本上是按照企业内部的流程去完成任务，以实现保质保量按时交货。技术在这一阶段的使用也仅仅局限于企业内部，主要是为了打通企业内部的"信息孤岛"，实现跨部门的运营活动沟通与管理。因此，这一阶段应用的主要技术有两大类：一类为ERP、办公自动化（office automation，OA）等通用型管理信息系统，另一类是供应链中的自动化与自控技术。企业在这一阶段的工作对自动化的需求不是很高，且都是企业内部员工之间的交流，对信任的需求也不是很高。

（2）第二阶段：主动和细分型供应链。

在这一阶段，企业在内部管理标准化达到一定程度后，把供应链管理提到战略的高度，根据不同的产品和细分市场特征，选择不同的供应链战略，匹配不同的供应链网络、流程及资源，确立独特的供应链能力，以获得独特的竞争优势。这一阶段，供应链是企业竞争优势的来源。企业管理供应链的理论框架演变成了战略供应链管理框架（M4SC），在设计商业模式时必须考虑供应链能力。企业开始认识到供应链的重要性，知道要想在市场上获得长期竞争优势，必须有清晰的供应链战略，通过供应链战略和供应链上网络流程及资源的匹配，最终使得供应链有能力支持公司的战略。这个时候，针对不同的细分市场，基于不同产品的供需特征，企业可能要打造具有不同能力的供应链。在这个阶段，不同战略需要不同的供应链能力，因此技术的投入与应用也有所侧重，信息系统的整合与跨组织的连接仍然是技术应用的一个方向，这样才能提升供应链内部的整合水平。这个阶段的技术会更加具体与细化，企业内部的管理系统将高度专业化，具体到运输管理系统（TMS）、仓库管理系统（WMS）、订单管理系统（OMS）、客户关系管理（customer relationship management，CRM）等。

（3）第三阶段：智慧和体验型供应链。

随着消费者需求的变化，企业必须开始思考最终用户是谁，并根据最终用户个性化的需求，快速响应，提供个性化的产品和服务。因此，在这个阶段对消费者的定义也将发生改变，他们不再只是花钱消费者，也是价值共创者。在这一阶段，技术的使用和大数据尤为重要。企业必须重视数字化技术，运用现代化工具触达最终用户。例如，利用智能感知／识别技术在消费和使用场景中识别用户行为；智能客服机器人在电商场景中的运用；智能化的新一代设备如仓内智能设备、无人机、无人车等。基于这些技术设备收集到的数据，通过大数据的应用（如智慧决策的方法）去分析定制消费者的需求，然后以需求拉动整个供应链，对供应链进行深度整合，以实现快速响应，打造智慧型供应链。这个时候，企业已经意识到现在不能只满足 B 端客户，也要知道生产出来的产品和服务如何被最终的用户使用。为了提升用户体验，要努力研究如何把产品和服务组合起来，帮助用户解决问题。这一阶段的供应链是根据客户个性化的需求，快速响应并提供个性化的"产品 + 服务"组合。

（4）第四阶段：供应链 + 生态圈。

一个企业有了前三个阶段的积累后，会获得同行及相关行业的肯定，这个企业往往会变成供应链的领导者，进而创建开放的平台，吸引各行的加入，在其强大的供应链能力的支持下，整合相关产业资源，最终形成平台型生态圈，通过设计生态圈的合作机制实现与生态圈参与者的合作共赢。在这个阶段，要用数字化相关技术去标准化、数字化相关流程，基于数据积累和分析能够优化决策和流程，最后使得参与生态圈的产业资源得到充分的利用。每一个参与者不仅是资源的提供方，也是资源的需求方。每一个参与者的需求可以通过参与生态圈去整合其他企业的资源而得到满足。

有关供应链管理发展的四个阶段以及数字化技术在各个阶段提供的支持的总结分别如图 6-2 和图 6-3 所示。

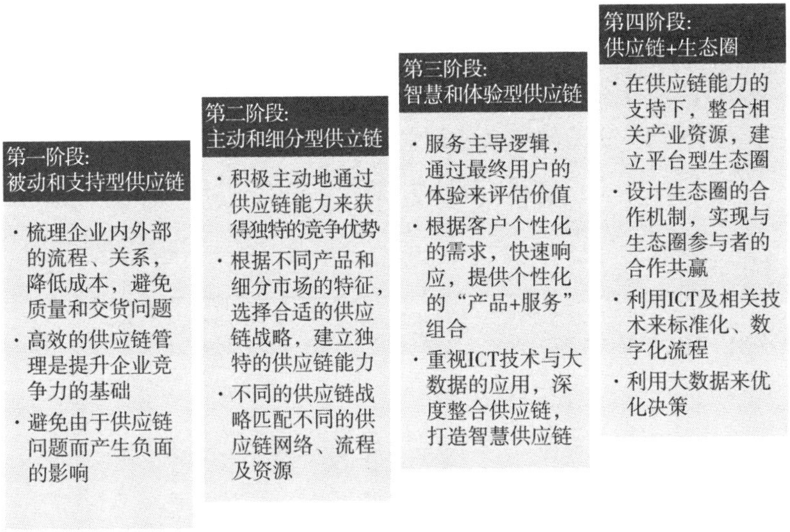

第一阶段:
被动和支持型供应链

· 梳理企业内外部的流程、关系，降低成本，避免质量和交货问题
· 高效的供应链管理是提升企业竞争力的基础
· 避免由于供应链问题而产生负面的影响

第二阶段:
主动和细分型供立链

· 积极主动地通过供应链能力来获得独特的竞争优势
· 根据不同产品和细分市场的特征，选择合适的供应链战略，建立独特的供应链能力
· 不同的供应链战略匹配不同的供应链网络、流程及资源

第三阶段:
智慧和体验型供应链

· 服务主导逻辑，通过最终用户的体验来评估价值
· 根据客户个性化的需求，快速响应，提供个性化的"产品+服务"组合
· 重视ICT技术与大数据的应用，深度整合供应链，打造智慧供应链

第四阶段:
供应链+生态圈

· 在供应链能力的支持下，整合相关产业资源，建立平台型生态圈
· 设计生态圈的合作机制，实现与生态圈参与者的合作共赢
· 利用ICT及相关技术来标准化、数字化流程
· 利用大数据来优化决策

图6-2　供应链管理发展的四个阶段

区块链技术在供应链管理发展四个阶段的价值

在基于自动化的价值和信任的价值这两个维度分析了区块链技术的价值以及数字化技术在供应链管理发展的四个阶段的支持作用后，我们也可以总结出区块链技术在供应链管理发展的四个阶段的应用机制。

当企业的供应链管理处于第一阶段时，区块链技术具有有限的价值，例如可以帮助企业梳理与打通流程，提高企业内部的运作效率。但是，区块链在加强伙伴间沟通、增强信任等方面的价值没法很好地在企业内部实现。

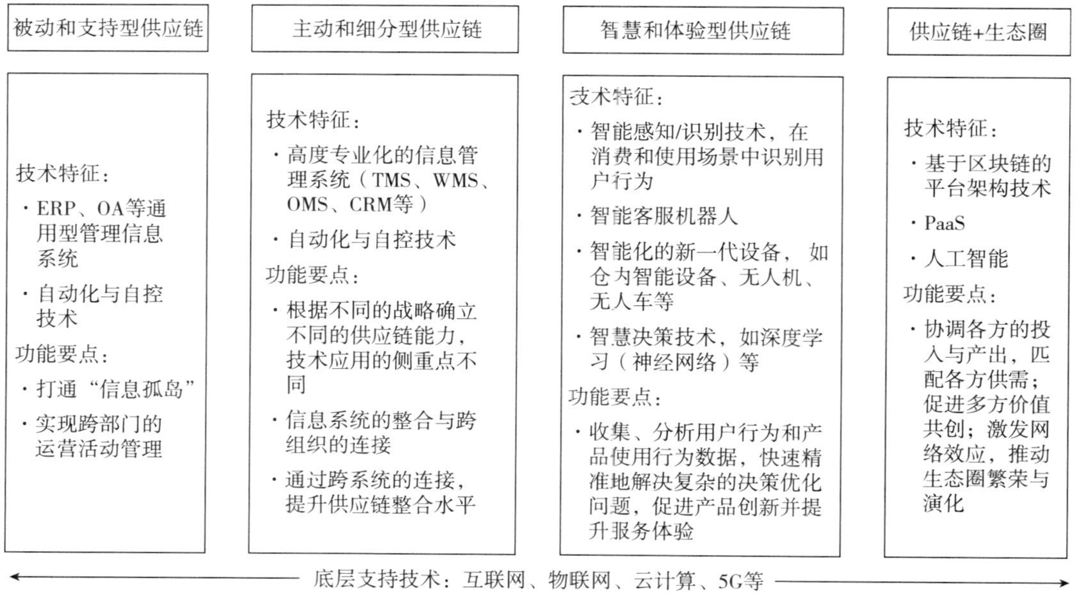

图 6-3 数字化技术在四个阶段中提供的支持

被动和支持型供应链

技术特征：
· ERP、OA 等普通用型管理信息系统
· 自动化与自控技术

功能要点：
· 打通"信息孤岛"
· 实现跨部门的运营活动管理

主动和细分型供应链

技术特征：
· 高度专业化的信息管理系统（TMS、WMS、OMS、CRM等）
· 自动化与自控技术

功能要点：
· 根据不同的战略确立不同的供应链能力，技术应用的侧重点不同
· 信息系统的整合与跨组织的连接
· 通过跨系统的连接，提升供应链整合水平

智慧和体验型供应链

技术特征：
· 智能感知识别技术，在消费和使用场景中识别用户行为
· 智能客服机器人
· 智能化的新一代设备，如仓与智能设备、无人车等
· 智慧决策技术，如深度学习（神经网络）等

功能要点：
· 收集、分析用户行为和产品使用行为数据，快速优化准地解决复杂的决策问题，促进产品创新并提升服务体验

供应链+生态圈

技术特征：
· 基于区块链的平台与架构技术
· PaaS
· 人工智能

功能要点：
· 协调各方的投入与产出，匹配各方供需；促进多方价值共创；激发网络效应，推动生态圈繁荣与演化

底层支持技术：互联网、物联网、云计算、5G等

在第二阶段，企业对自动化与自控技术的需求较高，但是对信任的需求相对较低。此时，有很多其他的技术手段可用来帮助提高供应链的效率，例如前文提到的数字化控制塔等。基于成本－收益分析，选择其他技术的优先级要远远高于区块链技术。

在第三阶段，企业更加关注的是如何挖掘消费者的需求，更好地服务消费者，让消费者足以信任产品。在这一阶段，区块链技术的价值相对较低，但是可能在一些特殊产品的供应链管理中有所凸显，例如前文提到的食品行业供应链、药品行业供应链等。

第四阶段开始涉及多个参与方、多个企业，因此需要考虑如何协调各方的投入和产出、如何匹配各方的供需、如何促进多方价值共创，从而激发网络效应，推动生态圈的繁荣与演进。在这一阶段，不仅要提高供应链的效率，同时也要形成一套机制来建立生态圈合作伙伴间的信任。该阶段对自动化和信任两方面的需求都非常高。因此，笔者认为在这一阶段，区块链技术能在很大程度上促进"供应链＋生态圈"的发展。智能合约的存在有助于提高流程的自动化，并且区块链所具有的点对点传输、分布式记账、不可篡改等技术特征有助于增强合作伙伴之间的信任以及消费者对产品和服务的信任。

基于区块链技术的供应链升级路径

数字化技术在促进企业转型以及供应链进阶中发挥着重要的作用。作为一项新兴但发展及应用潜力巨大的数字化技术，区块链技术也为促进企业转型、推动其供应链管理升级提供了重要的发展思路和路径选择。特别地，我们认为，对于当前仍然处于第一阶段的企业来说，存在以下四条可以利用的路径。

路径一：利用区块链技术提高流程的自动化程度，帮助企业从第一阶段的被动和支持型供应链发展为主动和细分型供应链。

路径二：利用区块链技术构建组织间的信任关系，帮助企业从第一阶段的被动和支持型供应链发展为智慧和体验型供应链。

路径三：利用区块链技术，根据企业的战略选择优先致力于提高流程自动化水平，然后营造有利于建立信任的供应链组织间环境，实现从第一阶段到第四阶段的升级；或者优先致力于建立组织间的信任关系，然后促进流程的自动化，实现从第一阶段到第四阶段的升级。

路径四：利用区块链技术，同时致力于流程自动化以及信任关系的建立，实现从第一阶段到第四阶段的升级。路径四往往对企业内部的资源禀赋和已有的供应链网络基础有较高的要求。

本章总结

供应链是一个复杂的有机整体，涉及的主体众多，业务流程复杂，需要多主体间进行无缝、实时、动态的业务数据协同，通过有计划的协调控制让"四流"统一，以满足终端市场需求。因此，众多企业都在积极推进供应链的数字化升级，但仍然面临一些挑战。德勤在2020年发布的《区块链 VS 供应链，天生一对》的报告中也总结了五大挑战：信息交互成本高、全链可追溯能力弱、合规性难保证、动态适应性差、业务效率低。根据区块链隐私安全保护、信息可溯、交易合规、数据真实的特性，该报告指出区块链在供应链场景中具有极强的适用性和极大的应用价值（见图 6-4）。

　　基于前面的分析，区块链技术是从自动化和信任两个维度给供应链带来价值。但是，在供应链管理发展的不同阶段，区块链技术的价值凸显程度有所不同。区块链技术也为处于被动和支持型供应链管理阶段的企业提供了重要的转型升级机会和实现路径。但同时我们也要注意，不能盲目地强调在任何情景中都采用区块链技术。区块链技术在商业化落地过程中也面临着机遇与挑战。"区块链 + 供应链"的快速变革趋势对各参与主体提出了抢占人才、技术、应用高地的要求。此外，区块链需要与物联网、大数据、人工智能、云计算等其他技术相结合，各取所长，才能充分发挥技术动能，释放商业价值。因此，企业应结合自身条件（如企业规模、所处行业、战略布局等），全方位考虑区块链布局战略。

区块链赋能供应链

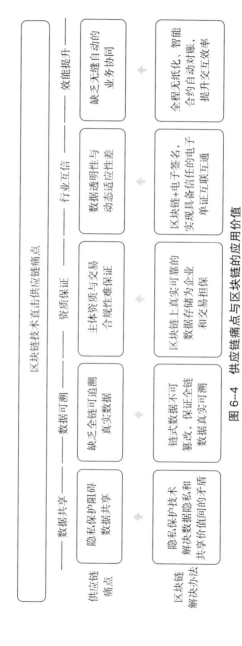

图 6-4　供应链痛点与区块链的应用价值

资料来源：德勤 2020 年发布的《区块链 VS 供应链，天生一对》。

160

第七章
什么在驱动和阻碍品牌商应用区块链技术
——案例研究

　　区块链技术在促进企业供应链流程自动化、构建组织间信任机制、促进企业转型以及供应链升级等方面有着重要的价值。但是，作为一项新兴的技术，其所带来的对现有系统兼容性的挑战、资源投入压力等也使得这一技术的推广和应用面临着一些阻碍。为更好地推动区块链技术的应用，本章旨在基于当前京东数科"智臻链"防伪追溯平台的实践，总结促进或者阻碍品牌商应用区块链技术的关键因素，以期为区块链的商业落地提供有益的指导。

京东数科"智臻链"防伪追溯平台介绍

随着居民生活水平的全面提升，人们对商品（如农产品、婴幼儿奶粉、生鲜等）的品质、安全性等提出了更高的要求。面对市场中产品的极大丰富性和质量参差不齐，"品质"逐渐成为消费者选购商品的首要考虑因素，消费者迫切需要一套真实、可靠、可信的机制来为做出购买决策提供有力依据。而在企业端，面对激烈的市场竞争，品牌商需要实施差异化的策略，将企业自身在商品上的所有努力，如食品的原材料甄选、特殊的仓储要求、冷链运输等信息真实可信地传递给消费者，提升品牌形象和竞争力。同时，品牌商还需要对供应链进行有效管控，如有效管理各渠道的价格和销售等，以降本增效。这要求企业必须建立一个溯源系统来高效地整合商品生产、物流、消费等的多节点供应链信息，提高供应链管理效率。此外，追溯体系建设也是中国监管机构强化全过程质量安全管理与风险控制的有效措施，是中国保障食品安全的重要制度。《关于加快推进重要产品追溯体系建设的意见》明确提出了中国重要产品追溯体系建设的主要目标。《中华人民共和国食品安全法》第四十二条明确规定，国家建立食品安全全程追溯制度。品质溯源是人民生活水平提升和消费升级的必然要求，也是企业优化供应链管理、提升品牌竞争力的必经之路，更是强化全过程质量安全管理与风险控制的有效措施。

然而，传统的溯源系统使用的是中心化数据存储模式，在这种模式下，谁作为中心来维护账本记录是一个关键问题。无论是源头企业还是渠道商、经销商，由于它们都是信息流转链条上的利益相关方，当账本信息对自己不利时，会存在账本被篡改的风险，从而使溯源信息失效。因此，无论是信息的安全保障，还是流转记录的保护措施，传统的溯源系统都无法得到人们的完全信任。区块链技术的共识机制、分布式数据存储、点对点传输和加密算法等多项技术特点提供了一个实现多主体间信息快捷同步、块链式存储、信息极难篡改的信息管理解决方案。区块链技术助力打造包含原料商、品牌商、生产商、渠道商、零售商、物流服务商、售后服务商、第三方检测机构，乃至对应的监管部门在内的高效、互信、安全的供应链追溯信息管理体系和数据应用体系，解决传统溯源系统存在的不足和弊端，从而真正解决信任问题，提高供应链效率。

在此背景下，京东作为以供应链为基础的技术与服务企业，致力于为消费者提供安全、健康、优质的商品及服务，自2016年开始就对区块链在零售溯源中的应用和实践进行探索，打造了京东数科"智臻链"防伪追溯平台。该平台通过整合利用物联网和区块链技术，建立起零售供应链条的科技互信机制，能够记录商品从原产地到消费者手中的每个环节的重要数据，保证数据不可篡改和隐私得到保护，实现全流程追溯，为产品安全保驾护航。截至2019年12月底，"智臻链"防伪追溯平台上已经有800余家合作品牌商，7万SKU以上入驻商品，逾650万次售后用户访问查询，有超13亿追溯数据落链，覆盖生鲜、母婴、酒类、美妆、二手商品、奢侈品、跨境商品、医药、商超便利店等丰富业务场景。

然而，由于基于区块链技术的防伪溯源服务目前仍然处于推广的起步阶段，许多品牌商尤其是传统企业对采用区块链赋能的溯源系统仍持观望态度。基于此，笔者及研究团队对参与京东数科"智臻链"防伪追溯平台服务的 8 家品牌商进行深入的调研，旨在分析和总结影响品牌商采用区块链技术或者服务的驱动及阻碍因素。8 家品牌商（以编号 A~H 表示）的基本信息如图 7-1 所示，涵盖了母婴奶粉、粮油调味、海产生鲜、中外名酒、家纺用品、茗茶等多个品类。

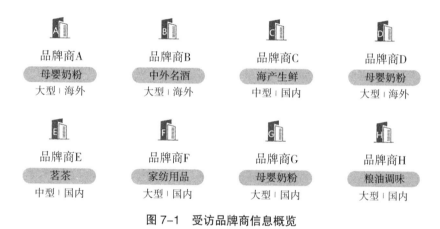

图 7-1　受访品牌商信息概览

基于平台的区块链服务采用驱动因素

在调研过程中，笔者通过实地走访及电话访谈，对上述 8 家品牌的 CEO、供应链经理、品质总监、市场营销总监等业务负责人进行了采访。访谈问题包括：品牌的产品及供应链特征、品牌在采用京东数科"智臻链"防伪追溯平台服务之前是否自建追溯系统、对区块链防伪追溯平台服务的评价及改进建议等（见表7-1）。访谈结束后，笔者对每个品牌的访谈结果进行总结形成调研报告，对所有访谈结果进行分类及归纳，寻找不同品类之间的异同点，总结共性特征规律，并最终得出研究结果。

表7-1　品牌商访谈问题

1. 品牌的产品及供应链特征
2. 品牌在采用京东数科"智臻链"防伪追溯平台服务之前是否自建追溯系统
3. 为何选择采用京东数科"智臻链"防伪追溯平台服务
4. 开展追溯的环节
5. 是什么因素驱动品牌商采用该项服务
6. 采用该项服务后实际的价值感知如何
7. 对区块链防伪追溯平台服务的评价及改进建议

笔者发现，驱动品牌商采用京东数科"智臻链"防伪追溯平台服务的因素是多方面的，除了京东自身的品牌效应外，品牌商也希望通过与平台的合作向消费者全方位展示企业的产品生产过程及全面保障体系，加强消费者对品牌的正品和品质认知，从而树立品牌形象。同时，通过与京东的合作，品牌商也能够更加精准地触达消费者，更好地与消费者互动并服务消费者。笔者将影响品牌商采用京东数科"智臻链"防伪追溯平台服务的关键驱动因素总结为以下三点。

（1）树立消费者对品牌的品质认知，改善其购物体验，从而提升其对品牌的信任。

在调研过程中，8 家品牌商均表示，采用区块链防伪追溯服务，可以更好地触达消费者，向其展现企业的产品保障体系，并让消费者更好地体验高品质的产品，促进品牌在消费者心中的形象建设，让消费者放心购买。品牌商 A、D 表示，由于母婴类产品的特殊性，质量和安全是基础，使用体验和品牌信赖是实现商品销售的最大壁垒，而区块链技术可以保证数据的不可篡改和可信性，因此将区块链应用于追溯场景能够增强品牌对消费者的吸引力。区块链对于品牌商来说是一项重要的技术助力。

另外，品牌商 G 表示，其采用区块链防伪追溯服务的核心目的是为消费者提供更加优质的服务和体验。通过这项服务，可以使产品的品质信息更加精准地触达消费者，强化企业同消费者的互动和联系，有助于建设更加贴心和完善的消费者服务体系，提升企业的客户关系管理水平。

（2）提升企业的供应链管理水平和运营效率。

品牌商 B 认为，采用区块链防伪追溯服务有助于对不同渠道专供的产品进行管理，精准地追溯每件产品从源头到最终消费者手中的全程流转信息，从而有效地防止不同渠道间的窜货行为，提高渠道、供应链管理水平和运营效率。

（3）提升企业产品品质管理水平。

对品牌商 C 而言，通过采用区块链防伪追溯服务以及"千里眼"直播视频监控系统，能够将产品生产加工车间的实时信息呈现给消费者，这也意味着对企业生产加工过程的标准化和规范化提出了更高的要求。通过采用防伪追溯服务也可倒逼企业不断提升质量安全管理能力。

基于平台的区块链服务采用阻碍因素

由于品牌商采用区块链防伪追溯服务的时机、自身的资源禀赋不同，因此在部署产品上线的过程中，所面临的困难和挑战也不尽相同。其中，系统对接困难、人工贴码成本高、人工维护信息成本高等是品牌商反馈得最多的问题。这类企业尤以国内生产型企业为主，高昂的成本成为阻碍企业采用这项服务的最为重要的因素。

（1）系统对接问题。

品牌商 B 表示，采用区块链防伪追溯服务涉及企业自身系统和平台的对接，使得品牌商需要修改自有系统中的很多接口。对部分自有追溯系统的企业而言，由于双方系统的数据标准、接口协议等均不相同，双方均需要开展一定的定制开发工作。前期较高的系统对接成本，成为阻碍部分品牌商采用区块链防伪追溯服务的一大障碍。

（2）信息采集和维护成本高。

对品牌商 E 和 H 而言，采用区块链防伪追溯服务后需要采购赋码设备，但出于成本考量，品牌商目前尚需通过人工完成追溯标签的贴码工作。同时，各个供应链节点的信息均需要维护。考虑到自动化信息采集设备的成本，品牌商 F 表示，目前许多节点还是通过人工来维护信息，信息录入的人工成本较高，且信息的录入容易出错。高昂的人工成本和较高的人工信息采集风险均给企业造成了一定的负担。

（3）尚无法实现全链路追溯。

当前，共享的数据是企业非常重要的竞争性资产。基于案例研究，笔者发现，对部分进口产品而言，品牌商希望将更加完整的链路信息呈现给消费者，实现全链路追溯，从而不断提升消费者对产品的正品和品质认知。但鉴于目前的技术和成本原因，部分环节尚不能实现全链路追溯。比如，向海关申报产品后，在海关内部流转的信息（如质检、装运、出关信息等）尚无法同步上链。受访品牌商 A、D 均表示，为了向消费者呈现更加完整的链路信息，实现全链路追溯，尚需在链路各个节点上加强技术部署和投入。因此，能否实现全链路追溯也是品牌商采用区块链防伪追溯服务的重要考量因素。

本章总结

基于领先的现代化供应链、物流基础设施和服务能力，京东集团打造的京东数科"智臻链"防伪追溯平台为构建追溯信息管理体系和数据应用体系提供了相对成熟的解决方案。京东万亿规模的零售业务紧密连接着供应链上下游的业务网络，为区块链联盟链的成功搭建和后续管理创造了组织层面的便利，也让其在"区块链＋防伪追溯"应用上具备了"先天优势"。通过对参与京东数科"智臻链"防伪追溯平台服务的品牌商进行调研及案例研究，笔者发现并总结了品牌商采用区块链防伪追溯服务的关键驱动因素（如树立消费者的品质认知、改善消费者的购物体验、提升消费者对品牌的信任等）和阻碍因素（如系统对接问题等）。

　　诚然，目前京东数科"智臻链"防伪追溯服务尚处于推广的起步阶段，许多品牌商尤其是传统企业，出于对前期部署和后续运维的高昂成本的担忧，对使用这项服务依然处于观望阶段。但仍然可以欣喜地发现，品牌商采用"智臻链"防伪追溯服务后，客流量、客户满意度和产品销量有所提升，自身管理的规范化和标准化程度也不断提高。与京东的战略合作关系以及与京东平台上其他企业的深层次互动和合作，也拓展了企业的资源，提升了企业的协同整合能力。但同时，阻碍企业采纳区块链防伪追溯服务的诸多因素也提醒区块链防伪追溯服务提供商在未来开展相关服务时，乃至国家在大范围推广区块链技术应用时需要对这些问题进行思考并进行相应的部署。

第八章
区块链在供应链管理中的应用趋势与展望

目前，总的来说，区块链技术在运营及供应链管理领域的应用虽然仍处于起步和试错阶段，却彰显出了巨大的潜力。同时，区块链技术作为支持价值互联网建设的最佳底层技术，也需要与其他信息技术如大数据、物联网等进行整合来更好地实现其价值。本章基于前文对当前区块链技术应用实践的介绍，展望其未来的应用前景。

区块链技术的应用趋势与展望

区块链技术的应用趋势主要体现在区块链即服务和区块链技术服务两个方面。区块链即服务（Blockchain as a Service，BaaS）指的是将区块链框架嵌入云计算平台，并利用云服务基础设施的部署和管理优势，为开发者提供便捷、高性能的区块链生态环境和生态配套服务，支持开发者的业务拓展及运营支持的区块链开放平台[①]。BaaS 的概念最早是由微软和 IBM 提出的。例如，微软在 2015 年基于 Azure 云平台提供 BaaS 服务。BaaS 强调的是对业务的重塑，是基于现有的区块链提供开放性的服务，且具有通用性。一套完整的 BaaS 解决方案往往包括设备接入、访问控制、服务监控和区块链平台这四个主要的环节。在该模式下，BaaS 的用户付费购买供应商已经搭建好的区块链平台，且供应商并不会告诉用户是如何搭建区块链平台的。

这种模式可以有效降低使用门槛，节省综合成本，且可以提升用户系统的安全性。在该模式下，供应商除了提供标准化的服务之外，还可以基于产品和业务特点，满足用户的个性化需求。BaaS 服务所具有的这些特征促进了区块链行业的快速发展。全球互联网和科技巨头等纷纷抢滩区块链。例如前文提到的京东集团所推出的京东数科"智臻链"防伪追溯平台，品牌商以付费的方式购买京东的 BaaS 服务，并基于此进行搜索查询、交易提交、数据分析等一系列活动，业务场景包括金融、疫苗追溯、二手商品买卖、技术合作等；又如腾讯打造的提供一站式区块链服务的平台——腾讯云区块链开放平台（Tencent Blockchain as a Service，TBaaS）。根据 ABI Research 对工业区块链即服务竞争力的评估报告，IBM 和微软在这

---

① 2018 年 BaaS（区块链即服务）平台研究报告 .（2018-09-26）[2019-11-07].
https://36kr.com/p/1722858717185.

方面处于领先地位 ①。同时，基于 BaaS 服务目前的发展情况可以看出，布局该领域的基本都是大型云计算服务商，马太效应明显且同质化问题较为严重。此外，在该技术服务发展过程中需要注意对客户权益的保护以及风险监控问题。BaaS 技术所处的研究和发展阶段也意味着该项服务仍然面临着一些技术挑战，如安全性、响应速度等。

区块链技术服务（Blockchain Technology as a Service，BTaaS），反映的是利用区块链技术，基于用户的业务类型和需求，为其构建和开发一个分布式系统。这种服务模式更加关注技术过程，且针对具体的场景，例如供应链管理、政务服务等，提供的是封闭的服务。该类服务旨在替代用户传统的互联网架构。例如，大部分区块链即服务提供者所基于的 Hyperledger Fabric 平台。中国建设银行与 IBM 合作，开发并推出了区块链银行保险业务平台，是使用 Hyperledger Fabric 1.0 开发出的区块链解决方案。又如，北京众享比特科技有限公司基于其自主研发的核心专利和技术提供安全的去中心化网络服务，相关实践包括中信银行的区块链信用证业务、南京银行的区块链清算系统、公安视频区块链存证系统等 ②。

---

① https://www.abiresearch.com/press/ibm-takes-the-lead-in-abi-researchs-industrial-blockchain-as-a-service-competitive-assessment/.

② 工信部信息中心发布的《2018 年中国区块链产业白皮书》。

区块链技术在不同行业的应用

在本书第二、三、四、五章中，笔者对当前区块链技术在食品行业、药品行业、供应链金融以及物流行业中的应用进行了分析和探讨，发现当前区块链技术在供应链管理中的应用仍处于起步阶段，同时在其他行业具有广阔的应用前景，对其他行业的供应链管理也有较大的价值。特别是在第六章，笔者从自动化和信任的价值这两个维度分析了区块链技术的价值，并指出在对自动化和信任的要求都比较高的情况下，区块链技术对供应链管理具有很高的应用价值。当信任关系非常重要，而自动化不那么重要时，区块链的应用价值则取决于成本－收益分析。基于此，笔者认为区块链技术在军工行业、奢侈品（如钻石）行业等的供应链管理中将会发挥巨大的价值。

对于军工行业来说，掌握所有零部件的来源、质量以及能够明确指出存在问题的零部件的供应商等极其重要。采用区块链技术可以加速对军工行业供应链的追溯并实现自动化追溯。例如，穆格（Moog）公司为美国国防部以及航空工业制造精密零部件。该公司开发了一个区块链技术平台，以更加安全地与供应商共享计算机辅助的设计规格，并追踪和审计每一项投入的部署和生命周期[①]。

而对于钻石行业来说，源头信息对品牌商及其经营有着非常重要的影响。首先，钻石本身的价值非常高。其次，人们对钻石行

---

① GANERIWALLA, et al. Does your supply chain need a blockchain? The Boston Consulting Group, 2018.

业中的"冲突钻石""血腥钻石"的担忧使得品牌商需要证明产品来源的真实性,以及产品的获得方式是道德的、符合社会责任要求的,也即钻石行业供应链中的利益相关者迫切需要一种信任机制。而区块链技术可以提供这样一种信任机制,在该行业中具有重要的应用价值。例如,波士顿咨询集团与戴比尔斯(De Beers)合作构建了一个区块链技术平台来对钻石的供应链进行追溯。基于此,产生了防篡改的数字钻石登记表,提高了流程效率,在价值链中创造了新的效率,并向客户展示了其所生产的钻石是天然的、符合社会责任要求的。

总的来说,不同的行业、不同的产品特征对区块链技术的应用价值有着不可忽视的影响。因此,虽然区块链技术有着重要的价值,但是管理者必须结合公司产品和供应链的特征分析其对自动化和组织间信任关系的需求,来确定自己是否真正需要区块链。例如,如果产品具有较高的安全风险,例如药品、汽车或食品等领域,那么区块链技术将具有巨大的应用价值,可以让消费者明确他们所购买的产品的来源和流转过程,实现可追溯。比如,在第二章关于食品溯源的案例,对于像惠氏这样的进口奶粉品牌,一些不法分子可能会通过造假来获取暴利。而假奶粉会给婴幼儿的健康成长造成严重影响(如大头娃娃),严重的甚至危及生命。此外,如果供应链比较长或者是全球性的,涉及多个梯队、复杂的产品流和许多不同的供应商,例如汽车行业,较高的自动化水平以及信任关系的重要性会使得区块链在管理复杂的组织网络、物流和资金流方面的潜力凸显。在其他情况下,如产品供应链较为简单且节点企业都聚集在本地，考虑到所需的投资成本，区块链的应用价值可能就不会很明显，甚至会带来很高的成本。

区块链 + 其他技术

区块链 + 大数据

当前，数据已经发展为企业提高生产效率、开展业务的关键生产要素。这些数据包括企业采购、生产和销售等数据。区块链由基于产生的先后顺序连接起来的区块构成，而这些区块包含大量交易记录和信息。这使得区块链可以为大数据分析平台提供关键的数据基础。并且区块链所提供的信任机制（如数据加密和编码）保证了链上数据的安全性和私密性，在一定程度上有助于打通"数据孤岛"，实现供应链合作伙伴之间的真实、高质量的数据共享和互通。大量且高质量的数据构成了大数据应用的基础和关键。区块链技术所提供的数据资产注册、确权和交易平台有助于促进大数据的流通以及大数据价值的实现。同时，大数据技术可以弥补区块链在数据处理和分析方面的不足和短板，对区块链上的数据进行深度的挖掘和分析。这两项技术的结合有助于更好地利用数据资产并实现其价值。例如，基于京东数科"智臻链"防伪追溯平台，京东和相应的品牌商可以进一步利用大数据技术对区块链上记录的相关交易信息进行深度挖掘，如对商品的流转数据、仓储物流数据、销售数据等进行分析，识别可能需要优化的节点，支撑采购、生产、仓储、物流和定价等决策。二者也可以基于大数据分析结果，识别消费者的偏好特征，从而基于对客户需求的分析，进行产品及服务的优化，实现精准营销，提高竞争优势。

区块链 + 物联网

区块链技术和物联网技术均可以提供值得信任的数据共享服务。虽然区块链技术具有一系列显著的优势，但是正如第七章所提到的，阻碍企业采用区块链服务的一个关键因素是较高的信息采集和维护成本。同时，决定区块链技术最终应用效果的关键在于原始数据的真实性和质量。物联网技术的应用有助于基于智能设备、传感技术等采集原始、真实的数据，并且可以大大降低数据收集的边际成本，提高整个链条上的数据流通和利用效率。此外，物联网技术提高了数据采集的自动化程度，减少了人为因素的影响，这将大大降低数据和信息收集过程中出现人为失误或者错误的可能性，保证数据的可靠性和质量。例如，英国土壤协会在试点整合利用区块链技术、条形码和 QR 码来显示有机培根从农场到餐桌的全过程，支持生产者、分销商、零售商和客户之间的数据共享[1]。与此同时，区块链技术可以帮助解决物联网技术对海量数据的存储需求、数据的安全性以及多主体之间的协调沟通问题。世界野生动物基金会在澳大利亚、斐济和新西兰策划试点的一个项目是利用区块链技术来

---

[1] COLE R, STEVENSON M, AITKEN J. Blockchain technology: implications for operations and supply chain management. Supply Chain Management: An International Journal, 2019,24(11).

储存 RFID 和 QR 码所收集到的数据，从而管理金枪鱼从海洋到餐桌的整个过程。但此时需要注意的是，物联网技术的应用也意味着在设备方面的大量投入，从而增加了企业的成本。即使是一些大的企业，例如马莎百货，也仅能覆盖一级供应商，对整个网络的全流程覆盖仍然面临巨大的挑战。

　　另有研究者提出了一种整合了 RFID 和区块链技术的农产品供应链溯源系统[1]，并针对溯源各环节的信息采集和共享机制进行了一定的改进。RFID 作为一种非接触式自动识别通信技术，可以在复杂的环境中自主识别物体，并通过射频信号对目标信息进行标记和记录。与条形码相比，RFID 具有更便利、无污染、储存能力强、可回收等优点，广泛应用于生产加工、仓储管理、物流跟踪、产品防伪等流程。RFID 技术可以帮助在农产品供应链的生产、加工、仓储、配送和销售环节实现数据的采集和共享。而区块链技术的点对点网络结构使得交易数据必须在所有利益相关者之间达成共识，保证了链上交易数据以及信息的有效性，也使得相关数据难以被篡改。智能合约又提高了供应链自动化的程度。采用"区块链 + RFID"的追溯系统可以实现对整个供应链的信息识别、查询、追踪和监控，为农产品供应链中的所有成员提供了一个安全、透明、可追溯的平台。

---

[1]　TIAN F. An agri-food supply chain traceability system for China based on RFID & blockchain technology. 13th International Conference on Service Systems and Service Management（ICSSSM）, 2016.

区块链 + 人工智能

人工智能常常体现在图像识别、搜索、机器学习、基于数据和模型提供决策方案等方面。数据、算法和算力是人工智能的三大核心。人工智能的发展是以海量的大数据为基础的。区块链技术所提供的大量高质量数据的基础将进一步释放人工智能技术的应用空间和活力。海量的数据也有助于人工智能系统算法的不断修正和优化。同时，区块链的分布式存储机制和点对点数据传输使得我们能够充分利用分布于不同地方的计算能力和数据存储能力，帮助解决人工智能发展所面临的算力方面的约束问题。区块链技术所具有的共识机制等也可以在一定程度上保证算法的稳定性以及参与者对算法模型的维护和支持。此外，人工智能技术有助于实现区块链中数据的智能化应用。例如，在医疗领域，谷歌所开发的深脑人工智能技术，利用海量的个人健康信息以及病历管理信息，可以构建强大、更加科学的医疗诊断模型[①]。边界智能以区块链技术为支撑，在医疗健康产业进行分布式的智能分析，例如提供智能信息处理服务等。

总的来说，区块链技术的发展和价值实现需要大数据、物联网、人工智能、云计算等信息技术的支撑。同时，将区块链技术与这些信息技术进行融合也对信息技术产业的发展有着重要的促进作用。区块链技术和信息技术的不断融合将切实助力供应链效率的提升。

---

① 杜均.区块链+：从全球50个案例看区块链的应用与未来.北京：机械工业出版社，2018.

法律法规的健全与保障

区块链技术的法律保护和支持

习近平总书记在中共中央政治局就区块链技术发展现状和趋势进行第十八次集体学习时强调，要把区块链作为核心技术自主创新的重要突破口，明确主攻方向，加大投入力度，着力攻克一批关键核心技术，加快推动区块链技术和产业创新发展。区块链技术本身所具有的巨大应用前景和潜力使得对相应技术的保护成为区块链产业发展的重要基础。而对技术进行法律保护的一个重要途径是申请专利。作为一项计算机技术，中国区块链的专利总数在全球范围领先。这也意味着，在现行条件下，对区块链技术的保护更多的是强调专利权。基于中国的专利法，为获得专利权，发明人需要对相应的区块链技术以及权利保护内容进行列举式的说明。然而，区块链技术本身作为一项底层技术，具有广泛的应用场景，这就增加了发明人明确列举和说明权利保护要求的难度。另外，鉴于区块链操作软件是基于开源代码，围绕著作权保护的法律法规有助于保护权利人的权利，并在开源代码获得保护的基础上，基于合同进行权利的让渡和分享，进而促进参与主体的合作以及系统的发展。但需要注意的是，对计算机技术的著作权审核标准较低，如新颖度要求低、审核周期短但是保护期长（例如，软件著作权的最长保护期是50年），这可能会导致区块链企业只对已有技术进行小修改，缺乏创新动力。第三种保护方式是商业秘密，但是目前中国并没有专门保护商业秘密的法律。此外，虽然刑法在区块链技术所有人权益受到严重侵害时可以起到相应的保护作用，但是其往往具有后置性。而区块链技术的发展和应用场景的增加也需要相应的法律法规及政策的支持和引导。这使得必须就区块链技术在相关法律法规等方面做出一定的调整或者有效解释，以促进区块链行业的健康发展。2021年1月，国家知识产权局也将区块链列为国家重点发展和急需知识产权支持的重点产业。

智能合约的法律问题

智能合约基于程序算法来实现交易的自动执行。这意味着智能合约的执行过程存在不可变更性，属于封闭的自执行，且合同当事人具有匿名性。当出现不履约的情形时，是否以及如何施加干预成为技术难点。另外，智能合约的这些特征使得其并非真正的合同，且与传统的合同法的"不完全合同理论"相悖。美国亚利桑那州和佛蒙特州承认区块链合作以及数字签章，帮助建立智能合约的合法性地位。但是，在中国，对于基于智能合约所形成的合同的法律效力问题，仍然需要相关部门做出进一步的努力和确认。

信息安全保障以及隐私保护

作为分布式数据存储技术，区块链上积累了大量参与主体的海量数据。这些信息的泄露或者不合理利用会影响消费者、法人甚至国家的安全和公共利益。这使得必须构建有效的制度机制来保障区块链上的信息安全以及保护数据隐私。此外，当区块链上的参与主体超出一国边界时，往往对全球协作有所要求。这也对制定能够及时消除违法违规行为、控制影响的监管机制和措施提出了新的挑战。国家互联网信息办公室于 2018 年 10 月发布《区块链信息服务管理规定（征求意见稿）》，向社会公开征求意见。2019 年 1 月，该规定经会议审议通过，反映了国家为规范区块链信息服务活动、促进区块链信息服务健康有序发展所做的努力。

本章总结

工信部于 2021 年 5 月发布的《关于加快推动区块链技术应用和产业发展的指导意见》强调了区块链在产业变革中的重要作用，并将区块链赋能实体经济、提升公共服务、夯实产业基础、打造现代产业链、促进融通发展等作为重点任务。当前，基于其独特的技术特征，区块链在供应链管理中的应用价值已经初步凸显。未来，区块链即服务和区块链技术服务的不断发展将推动区块链行业的进步。虽然本书主要介绍了当前区块链技术在食品行业、药品行业、供应链金融以及物流行业的应用实践，但区块链技术的应用场景不限于此，有着巨大的拓展空间，比如钻石等奢侈品行业。但同时需要注意的是，区块链行业的健康发展离不开法律法规等制度因素的保驾护航以及规范约束。这就需要相关部门在完善法律法规、提供有效的制度解释方面做出进一步的努力。区块链技术发展和应用过程中可能产生的信息安全、隐私保护等方面的问题，也需要相关部门进行规范和约束。

致　谢

区块链在供应链中的应用是一个新兴的领域。本书的内容是在北京大学国家发展战略研究院唐方方教授团队的研究基础上，由中欧国际工商学院赵先德教授团队总结拔高所形成的。因此，本书是两个团队共同努力的研究结晶。

赵先德教授和唐方方教授负责全书的总体设计和每一章内容的指导修改与校正。十分感谢唐方方教授的团队，其成员巴光明、雷成、王澳、严如岩及张思源在2018年就形成了一个有关区块链应用的研究报告。他们的报告给本书提供了丰富的资料和案例信息。

在本书的写作过程中，赵先德教授团队的成员张珊珊博士、王良博士，博士生应豪、王鸿鹭、孙康，研究助理黄莺和田田河都在不同章节中做出了重要贡献。要特别感谢张珊珊博士在离开中欧国际工商学院加入华南理工大学后还继续帮助组织本书的写作和修改。

　　本书相关的研究与写作工作也获得了多家企业领导的支持。我们也要特别感谢京东数字科技控股股份有限公司翟欣磊、刘文婧、余希彧、栗冬，布比（北京）网络技术有限公司商洪武，惠氏营养品（中国）有限公司纪钦，大连鑫玉龙海洋生物种业科技股份有限公司姜锐，中粮食品营销有限公司李响，天士力控股集团有限公司朱永宏、王晓东、徐伟、刘朋等在调研和资料提供等方面的支持。

　　由于区块链技术的应用仍然属于新兴话题，加之作者水平有限，书中难免存在一些不足之处，敬请广大读者指正。这也有助于后续研究的改进和完善。

供应链金融（第3版）

宋 华 著

———————————— 经典作品全新修订 ————————————

荣获北京市哲学社会科学优秀成果一等奖、物华图书奖一等奖

被《经济日报》誉为"近年来中国物流供应链领域

最重要的理论创新之一"。

冯氏集团主席冯国经，著名经济学家余永定，

著名流通经济学家丁俊发 联袂推荐

供应链金融越来越成为产业和金融发展的重要领域。本书作者对生产制造、流通分销、物流、商业银行等领域目前的供应链金融发展状况做了广泛调研，深入分析了供应链金融应该厚植的产业基础。

本书在讲述供应链金融时，通过对理论的精炼总结，并紧密结合供应链金融领域的真实情况，呈现了精彩的案例分析，无论是对金融部门的决策者，还是对商贸企业、银行、互联网企业等产业链条上的参与者，以及相关研究者来说，都具有极大的启发作用。